妻がどんどん好きになる

Tsuma ga Dondon
Suki ni Naru

Shigeru Kajiwara
梶原しげる

光文社

はじめに

夫婦ともに古希《こき》を超えたというのに、今の私は妻のことがますます好きになってきています。

「好きすぎる」という言い方は若者めいて違和感がありますが、今の私の気持ちを素直に言えば、「妻がどんどん好きになる」が最も自然かもしれません。

私たちは外を出歩くとき、誰はばかることなくしっかり手をつなぎます。妻の手は、小さく、柔らかく、そこから彼女の体のぬくもりがジワジワッと伝わってきます。それを感じるたび「生きてるって素晴らしいなあ」と嬉しくなります。

四半世紀前になりますが、彼女は思いも寄らぬ大病を経験し、その後遺症のせいか、足下《あしもと》が時折おぼつかない状態になってしまいます。つい最近まで自転車を乗り回し、一人でどんどん買い物に行ったりもしていましたが、今は私と外出するときなど、私の手をしっかり握って慎重に歩いています。

手と手がつながると、心と心もつながるようで、街中《まちなか》を行く若い人の颯爽《さっそう》としたファッションに目を輝かせたり、街角のショウウインドウから見える新しいタイプのバッグに目を留める妻の様子が、つながった手を通じてハッキリ感じられます。若い頃にはなかなかできなかった「手と手をつなげる」が、老夫婦となった今堂々とできるのは、何より嬉しいことです。

老後にこんな楽しい季節がやってくることなど、若き日の私は期待していませんでした。

当時の私は、漠然と「老い」を恐れていました。アナウンサーとして勤めていた文化放送を辞め、フリーになり、がむしゃらに働いていました。「少しでも豊かな老後」のために時間を惜しんで働いて、稼いで、貯めて、老後に備えなければ野たれ死ぬと、汲々《きゅうきゅう》としていたような気もします。そんな私に、楽天家の妻は何度もこう言っていました。

「あなた、今というこの時を楽しんで生きなきゃ、人生、損するわよ！」

妻の口癖を今こそ実行すべき時だと、ようやく理解できたのかもしれません。そうです！　この歳になって「今」を楽しまず、いつ楽しめというのでしょう！

老後に限らず、家庭を持つ身にとって幸せの第一歩は、夫婦の仲が良いことだと思います。もちろん40年以上の結婚生活を振り返れば、夫婦仲が良かった時期ばかりではありません。とりわけ、妻が大病を経験し、命がけの手術を受ける前までは、妻は当たり前に存在し、当たり前に子育てをし、当たり前に家庭の切り盛りをするものだと、私が傲慢に構えていなかったとは言い切れません。

手術をはさみ、妻の入院は二ヶ月を超えました。

さすがの私も飲み会の多くを断り、なるべく帰宅を急ぐことにしました。

その日は駅前のスーパーに寄り、鶏弁当を3つ買い、家に着いたのは夜の8時過ぎ。玄関を開けて「ただいまー」と家に入ると、リビングは真っ暗でした。

「あれ……子供たちは……？」

娘が自室から出て来て、気のない声で「おかえんなさい……」

息子は自分の部屋にいるようです。

「リビングの電気、点《つ》けなかったんだね？」と訊くと、娘は「ママのいない部屋は見たくないし」とつぶやくのです。

母親不在のさみしさを埋め合わせる術《すべ》を持ち合わせない私は、「もうちょっと……頑張ろうね」としか言える言葉がありませんでした。家に妻のいつもの笑顔が見えない切なさは、私も同じ。でも、そんなことを言っても始まりません。

「さ、鶏弁当買ってきたぞ、テレビ見ながら食べようか」

二人の子供は誘いにすぐには答えてくれませんでした。

あらためて妻の存在の大きさを思い知らされました。

妻が満面の笑みからくり出す「あーら、お帰んなさい！　ご飯まだでしょ？」

という明るい声を聴けないさみしさを、私は痛切に感じていました。

二ヶ月経《た》って、妻が家に帰ってきました。

メスを入れた頭は布の帽子を被《かぶ》っていましたが、笑顔はいつも以上です！

子供二人はママを奪い合うようにして大喜び。

私はこのとき、病気との闘いを見事に勝ち抜いた妻にしっかり報《むく》いる人生を送ろうと、今さらながら決心したのです。

報いると言ったって、特別なものをプレゼントできるわけはありません。

私が決意したのは、これまであまりやって来なかった「妻への賞賛の言葉を、恥ずかしがらず口にしよう」でした。

それは心理学でいう「言葉の報酬＝コンプリメント（褒《ほ》めること）」です。「妻を褒める」などアメリカ人でもあるまいし、何か企《たくら》みでもあるんじゃないかと言う人もいるかもしれませんが、これまで「できすぎた妻」への「嫉妬」もあって、何かと彼女のポジティブな面より、ネガティブな面を指摘する傾向にあった我が身を深く反省してのことです。

最初は「白々しい」といやがられると思いましたが、妻は素直に「あら、嬉しい」と前向きに受け止めてくれました。嬉しくなった私は、彼女の美点を探しては即座にコンプリメント（褒める）することを繰り返しました。褒めどころを探すのは実に楽しいことで、妻の場合は、私が言うのも変ですが、褒められて当然なポイントがたくさんあり、褒め甲斐《がい》もあるというものです。

「ママ、今日のブラウスのその色、似合うねえ」

「10年前の引っ張り出したの、今でもいける?」


「ママ、今日の豚汁、里芋が美味しいねえ」

「海老芋よ」

「おお、超豪華!」


妻の美点を探すうち、もっともっと「妻がどんどん好きになる」のです。

本書は妻への詫び状であるとともに、妻への感謝状でもあります。

2021年10月　梶原しげる

妻がどんどん好きになる　目次

第1章　それは私の一目惚れから始まった

第2章　フリー人生の始まりと、妻の異変と

第3章　妻がどんどん好きになる

第4章　夫、アナウンサー、そしてカウンセラーとして

第5章　夫婦の、これからのこと

第1章

それは私の一目惚れから始まった

出会いは「ナンパ」して「ストーカー」!?

妻と出会ったのは、70年代後半。お互い20代も終わりの頃のことでした。

私は文化放送のアナウンサーで、妻は都内の建設会社に勤めるＯＬさん。

まるで違う世界に生きていた二人が、一体どうやって知り合うことになったのか。

ちょっとオノロケみたいな話になっちゃうかもしれませんけど、まあまずは聞いてやってください。

他愛ない話にも、明るくケラケラ笑ってくれる人。

それが妻に対する第一印象でした。

少しだけ、女優の熊谷真美さんに似ているでしょうか。いつも笑っているというか、笑っている顔が標準顔というか、とにかくよく笑う人で、しかも爽やかないい笑い方をする。滑舌《かつぜつ》もよくハキハキ話すけれど、私の話もよく聞いてくれて、受け止め方の感じもすごくいい。

私はアナウンサーでしゃべる仕事を生業《なりわい》にしていますが、人を面白がらせるように話すの、じつはあまり得意じゃありません。仕事ではそれなりにしゃべりますけど、プライベートではてんでダメ。

たぶん、初めて妻と二人きりで話したときも、大して面白くもない話を、一方的にダラダラしゃべっていたと思います。けど、それでも妻は面白がって、ゲラゲラ笑いながら聞いてくれた。

そういうところに、惚れちゃったんでしょうね。テレ臭いけど、まあ言ってみれば、私の一目惚れです。

じゃあ妻のほうはどうだったかというと、残念ながらそうでもない（笑）。出会い方が「ナンパ」だったせいかな。いや、別に道を歩いている妻をつかまえて「彼女、お茶しない？」なんて誘ったわけじゃないですよ。

出会ったのは、街中でラジオ番組の中継をしていたとき。中継が終わって、私とスタッフが撤収しようとしていたところに、「何をしているんですか？」って、女の子三人組が声をかけてきた。

で、なんとなくなりゆきで、「撤収が終わったら喫茶店でお茶でも飲もう」ということになった。その中の一人が妻だったわけですね。

私としては、「ちょっと気の強そうな、可愛い子がいるなあ」と三人の中でもダンゼン妻に好意を持ったんですが、妻のほうの印象はと言えば、「社会人なのに、コットンパンツにポロシャツなんか着て、なんだか不真面目な人」。

妻は当時大手建設会社に勤めていましたから、勤め人はスーツを着てネクタイを締めてるのが普通、そう思っていたんでしょうね。

だから、休日の遊び着みたいな格好をして、仕事中に女の子を誘ってお茶なんかしている私が、今時の言葉で言えば、チャラく見えた。

中身は全然、そんなことなかったんですけどね。その日だって、「またね」くらいの感じで、彼女の連絡先も聞けずに別れましたし。

ところが、私はその後も妻のことが頭から離れませんでした。

夢中になったつもりはなかったけれど、どうしても気になって、妻と出会った辺りをフラフラ歩いてみたり、その通り沿いにある妻の勤め先とおぼしき会社の建物をチラチラ見て、「また会えないかなあ」なんて思ったり。

そうしたら、なんと会えたんですね。会社の受付をしている妻を、見つけることができたんですね。

で、私は偶然を装《よそお》って妻に再会するわけです。

「やあ、偶然ですね、ここで働いているんですか」とかなんとか言って。

これって、今思うとちょっとしたストーカーですね。これがきっかけで交際が始まって、妻と結婚することになったからよかったけど（笑）。


その後、私は妻を誘ってデートをすることになるんですが、最初の頃、私はデートに親友の構成作家さんについてきてもらっていました。

どうしてかというと、当時の私はかなりの人見知りで、女性と一対一で話す自信がなかったから。

その構成作家さんが一緒だと、彼がうまいこと話を投げかけてくれて、私も面白おかしく受け答えできる。妻に「梶原さんって面白い人ね」と思ってもらえる。

ホント情けない話ですが、私は自分の好感度を上げるために、番組の作家さんの力を借りてたんです。

で、そのうち妻も友達を連れてくるようになって、四人くらいでグループ交際することになって、慣れてきたところで、やっとこさ二人だけで会うようになって。

そうやって、私はもどかしいくらいじっくりと、妻との距離を縮めていったわけです。

結婚を後押しした、みのさんの「お前、責任とれよ」

私と妻との仲を、さりげなく後押ししてくれた人がいます。

文化放送の先輩アナウンサー、みのもんたさんです。

みのさんには、新人時代からとてもお世話になりました。人としてもアナウンサーとしても、大変尊敬する先輩です。

当時みのさんは、毎年お正月にスタッフや後輩アナウンサーを自宅に招いてパーティーを開いていました。まだそれほど大きなお宅ではなく普通のお家で、こぢんまりと親しい人だけで、ざっくばらんに新年をお祝いしていたんですね。

このパーティーでは、毎年何かしらテーマを決めて集まるのがならわしでした。

ある年の暮れ、突然みのさんがこんなことを言い出しました。

「みんな、次は彼女を連れて来いよ」

みのさんからの無茶ぶりに、「そんなこと言われたって、彼女なんていないよなあ」とみな騒然。私自身も、どうしたもんかと考え込んでしまいました。

同僚からは「梶原はいいよな、最近彼女ができたんだろ?」なんて言われましたけど、正直まだ彼女と呼べるレベルじゃない。やっと二人で出かけられるようになったばかりで、手も握ってないし、もちろんキスもしてません。

とはいえ、ほかに誰かいるかと言ったら、そんな人はもちろんいない。

そこで私は妻に声をかけ、パーティーに来てもらうことにしました。

お正月のお祝いですから、そこでは当然お酒が振る舞われます。でも、当時の妻はあまりお酒を飲み慣れていません。こういう場で人から勧められてお酒を飲むという経験もあまりない。

ところが、そこにきてまたみのさんが、うまい具合に彼女にお酒を勧めるわけです。

緊張気味の彼女にさらりと話しかけ、楽しく会話してリラックスさせて、「ささ、もう一杯」という感じで、無理なく杯を空けさせてしまう。

「飲め飲め」と無理強いするんじゃなく、じつにスマートに勧めるんですが、勧められるままついつい飲みすぎてしまった妻は、その場でヨヨと倒れてしまいます。

そして「こりゃいかん」ということになって、みのさんの奥様が別室に寝床を用意して下さって、そこで妻を休ませることになったんですが、そのときみのさん、私にこう耳打ちしたんです。

「梶原、お前、責任とらなきゃダメだ」

ええ！　なんで？　どういうこと!?　意味がわからなくて、思わず慌てましたね。

「彼女に飲ませたの、みのさんじゃないですか。責任とれって言われても……」

「倒れちゃったじゃないか、彼女。これは大変なことだぞ」

「なんでそうなるんです？　だってみのさんが」

「それだけのことをしたんだから、お前、当然覚悟はあるんだろうな」

もうわけのわからない展開で、そのときはあたふたしちゃいましたけど、今思えばこれ、まさに「みのさん流」なんですね。

ハチャメチャで理屈が通らないのに、雰囲気でうまーく丸め込んで、その場の出来事を上手に収めちゃう。

もちろん、妻が酔い潰れてしまうなんて思いもしなかったでしょうし、内心は「悪いことしたなあ」と思ってたでしょうけど、そこにはあえて触れず、私に「責任とれ」「覚悟はあるか」と詰め寄って、私と妻とをググッと近づけさせる。

おそらく、みのさんはウダウダ煮え切らない私に、「しっかりせえ」と背中を押したかったんでしょうね。好きならちゃんと向き合え、覚悟を持って付き合えって、そう言いたかったのかもしれない。

これを機に、私は妻のことをいっそう意識するようになりました。二人は特別な関係で、将来結婚するかもしれない。みのさん流に言えば、責任や覚悟みたいなものを、心の中に強く持つようになったわけです。

ホント、みのさんにうまいことしてやられたって感じですけど、覚悟を促してくれたみのさんには、今でも「ありがとうございます」しかないですね。

デートはもっぱら「物件巡り」

妻を特別な人だと意識して、そのまま勢いで「君が好きだ！」となればよかったんでしょうけど、いきなり情熱的になれるはずもなく、その後も妻とは相変わらず、淡々としたお付き合いが続きました。

甘い愛の言葉を囁《ささや》くわけでもなく、結婚のけの字さえ出せず。女性の喜びそうなデートスポットに連れて行ったり、どこか旅行に行くなんてことも、さっぱり。

じゃあどんなデートをしていたのかといえば、もっぱら「物件巡り」。

都内や近郊でよさそうな戸建てやマンションを探しては、休日に妻を伴《ともな》って見に行くという、まあ色気のないデートを繰り返していたんです。

じつは当時の私は、ちょっとした「家オタク」でした。

趣味は何かと聞かれたら、「住宅情報誌を読むことです」というくらい、毎週のように『週刊住宅情報』なんかを買っては、安くていい部屋を探しまくっていました。

私は大学卒業後、すぐに実家を出て、練馬の下石神井《しもしゃくじい》、杉並の荻窪と安いアパートを転々としたんですが、どこも古くて狭いわりに家賃は高い。「これじゃ損だし落ち着いて暮らせない」と思った私は、当時人気だった公団住宅に応募することにしました。

公団なら安いし、広いし、商店街も充実して環境も申し分ない。是が非でも公団に入りたいと、応募ハガキをバンバン書いて送りました。

すると、なんと幸運にも当選したんですね。

北区王子にあった公団で、期待通りとても快適に暮らし始めたんですが、しばらくすると、今度は自分の持ち家が欲しくなりました。

賃貸は借り物。いつかは自分の家を買わなきゃならない。新入社員にあるまじきことですが、当時の私は仕事より、「とにかく自分の家が持ちたい」という気持ちでいっぱいでした。

本来なら、仕事を覚え、それなりになってから家を買うというのが順序なんでしょうけど、私は仕事より何より心やすらぐ住まいが欲しかった。まあなんというか、20代なのにどこか所帯じみたところがあったんですね。

今振り返ると、妻はそんな私によく付き合ってくれたと思います。

東京郊外の物件を見に行って、駅から延々と歩く辺鄙《へんぴ》な道をハイヒールで歩かせたり、デートで出かけた先にいい物件があれば、ついでにそこにも立ち寄らせたり。

もちろん、お互い頭の片隅に「いずれ二人で暮らすかもしれない」という意識がなかったわけではないと思います。

でも、プロポーズされたわけでもなし、「一緒に暮らす家を探そう」と言われたわけでもなし。

女性からしたら、「何考えてるの？」「結婚する気あるの？」と聞きたくなるところですよね。でも、妻は何も言わず、毎度毎度物件を見て回っては、「ここは高いね」「この間取りはよくないね」なんていう会話に、文句も言わず付き合ってくれていました。

ところが、そんな私たちの関係に、あるとき転機が訪れます。正確にいうと、とある物件との出会いが、私たちの関係を劇的に変えてくれることになります。

それが結婚して最初に住むことになる、江東区のマンションです。

新築で、駅から近く、広さもちょうどよく、おまけにまだ20代の私でも手が届

く お手頃価格。「これは絶対に欲しい」と心底思いましたね。

ただ、そんな物件ですから人気があります。当然抽選があります。倍率は5倍、しかも私は抽選日に仕事があって出られない。すると妻が、「私が仕事を抜けて代わりに行ってあげる」と言ってくれました。

で、妻が代わりに抽選に参加したわけですが、これが見事に当たっちゃったんです。公団に続いて、なんと二度目の当選！

結果発表のとき、私は文化放送で、番組で流すレコードか何かを探していたんですけど、妻から電話で当選を知らされたときは、もう人目も憚《はばか》らず、電話口で「やった！　やった！」と大はしゃぎでした。

そもそもその家を見たときから、ちょっとした予感はあったんですよね。

部屋をひと目見た瞬間に、私も妻も、二人で暮らすメージがこう、ワッと膨《ふく》らんで、「ここが私の部屋で」「こっちが君の部屋で」「子どもができたらこのへんに寝かせときゃいいか」なんて、具体的なイメージが次々とわいて出て。

まだ結婚の文字も出ていないのに、イメージがどんどん先行して、「結婚してここで二人で暮らすんだ」という流れが自然とできていったというか。

本当はここらで、結婚指輪を差し出して、「結婚しよう」「一緒になろう」って、バシッとカッコよく決められたらよかったんですけど、情けなくも、その一言がなかなか言い出せず……。

家は見つかったたし、一緒に暮らすイメージもできたし、あとはこのまま流れに乗って、親御さんにご挨拶して結婚式をやって婚姻届を出して、そうしたら何も言わなくても結婚だよな。心のどこかで、呑気《のんき》にそう構えていたのかもしれません。

ところが、妻は違いました。一緒に暮らす気満々の私を前に、

「ごめんなさい、結婚はできないです」

そう言って、ポロポロ涙をこぼしたのです。

「野球のオフシーズン」に結婚しよう！

「結婚はできないの」

妻が涙ながらにそう訴えたのは、私が「結婚式はいつにしようか」とスケジュールの話をし始めたときでした。

え？　なんで？　どうして？

結婚して一緒にこのマンションで暮らすはず……じゃなかったの？

正式にプロポーズしてないとはいえ、すっかりその気になっていた私は、妻の真意を測りかね、結婚を拒む理由をあれこれ尋ねました。

「もしかして、じつは私が好きじゃないの？　ほかに好きな男がいるとか？」

「いいえ、そうじゃないの。一緒に暮らしたい思いはあるの」

「じゃあ、なんで結婚できないの？」

妻曰《いわ》く、自分はあまり体が強くない。健康に自信がない。そんな自分が、多忙を極めるラジオ局のアナウンサーの私と一緒になって、果たしてやっていけるか不安がある。かえって迷惑をかけてしまうんじゃないか、というのです。

妻にしてみたら、すごく真剣だったと思います。お互いの今後の人生を考えて、間違いのない道を歩みたい。至極真っ当な考えです。

ところが、当時の私ときたらあまりにも鈍感で、そんな彼女の気持ちを１ミリもわかっちゃいません。

妻の手をガシッと握って、まっすぐに目を見つめて、

「そんなこと関係ない。君と一緒になりたい。私が君を守るよ」

くらい言うべきだったのに、能天気にも、（なーんだ、ほかに好きな男がいるわけじゃないのか、よかったよかった）とばかりに、

「わかった。ともかく式の日取りを決めよう。ラジオというのは野球のシーズン中はすごく忙しいから、挙式は絶対にオフシーズンね。この日とこの日とこの日と……このあたりでやるっていうのはどうかな」

妻の不安な気持ちを慮《おもんぱか》りもせず、じっくり日を改めて話し合うこともなく、私はスケジュール帳をペラペラめくりながら、ほとんど自分のペースで結婚を決めてしまったのです。

こうして私は、半ば強引に妻と結婚することを決めましたが、じつはこのあともう一度、私たちの結婚に危機が訪れます。結婚式まであと数日というところに来て、突然妻と連絡が取れなくなったのです。

(どうしちゃったんだろう。やっぱり私との結婚に不安があるのだろうか。まさか別の誰かと駆け落ち……いや、さすがにそれはないよな……)

あれこれ妄想しつつ、ハラハラしながら待っていると、式のギリギリ前になって、ようやく妻から連絡が。そして私と会うなり、「お父さんが死んじゃったの」と言って、ワーッと泣き崩れたのです。

「そういうことなら、式は延期しようか」というと、妻は「迷惑はかけられない。式は予定通りやります」と涙を拭《ぬぐ》いながら言います。それも、父親を亡くした直後とは思えない毅然《きぜん》とした態度で。

そして式の間もメソメソせず、本当は悲しいだろうに、明るくにこやかに振る舞い、何事もなかったように式をやり遂げました。

そんな妻の姿を見て、私は「この人は大した人だな」と思わずにはいられませんでした。惚れ直した、と言ってもいいかもしれません。

状況をあるがままに受け止めて、誰かをあてにせず、自分で決めて自分でやる。人付き合いはいいいし友達も多いけれど、精神的に自立していて、誰かとベタベタしたりしない。

そういうところが、彼女の一番の魅力なのだろうと思います。

でも、私はそんな妻に甘えすぎました。泣きながら「健康に不安がある」と訴えた妻の一言を、もっと真摯《しんし》に受け止めるべきでした。

明るくて元気な人だけれど、必ずしも体は強くない。そう心得ていれば、のちに発症する妻の病にもっと早く気づけたかもしれない。病の進行を、もっと早くに抑えることができたかもしれない。

今さら悔いても仕方ありませんが、それが私の人生最大の反省点かもしれません。

家族サービスも妻への労《ねぎら》いもない、私は仕事一筋な「昭和のオジサン」

波乱含みでスタートした結婚生活でしたが、船出は想像以上に快適でした。

妻は当時にしてはめずらしく、結婚後もそのまま働いていましたので、たまに仕事帰りに一緒になって、門前仲町《もんぜんなかちょう》界隈で食事したり、浅草の神谷《かみや》バーに寄って電気ブランを飲んで帰ったり。

買い物の袋を持った妻と電車の車内でバッタリ会って、私がその荷物を代わりに持って肩を並べて家路を辿《たど》る、なんてこともありました。まあ言ってみれば、甘い新婚生活を楽しんでいたわけですね。

でも、そういう時期はそれほど長くは続きません。

私の仕事がだんだん忙しくなり、妻も仕事で忙しく働いていたため、互いにすれ違い、家に帰ってもあまり会話もないということが増えていきました。

と言っても、2、3年後には子どももできるわけですが、妻は妊娠しても会社を辞めず、産休をとって仕事に復帰しようとしました。これも当時はかなりめずらしく、妻曰く「私はこの会社の産休第一号」。今にして思えば、妻は産休をとるくらい仕事にやりがいを感じていたということかもしれません。

ところが、私は自分のことでいっぱいいっぱいで、そんな妻の胸中を察する余裕もありません。

今じゃ考えられないことですが、当時は共働きでも家事や育児は女性がやるのが当たり前。私もその風潮に乗っかって、「子どもができたら女性は仕事を辞めるもの」くらいにしか思っていなかったんですね。

結局、妻は子育てのために仕事を辞め、専業主婦になりましたが、私はまったくと言っていいほど、家事にも子育てにも協力的ではありませんでした。

何しろ、私は赤ん坊のミルクやおむつ替えはおろか、入学式や運動会などの学校行事に参加したこともほとんどありません。進学にしても就職にしてもすべて妻任せで、これで父親と言えるのかというくらい、子育てに関してはノータッチ。仕事が忙しかったのは確かですが、子どもの面倒を見るより、仕事にかまけていたほうがラク。本音ではそう思っていたかもしれません。

もちろん可愛いことは可愛いんです。でもいわゆる子煩悩《こぼんのう》とはほど遠く、子どもが生まれたときも「やった!」「俺の子ができた!」ではなく、「もっと広い家に引っ越したほうがいいかなー」なんて、現実的な手続きばかり考えていました。情緒に欠けるというか、しみじみ家族を慈しむ気持ちがないというか、当時の私はまあ身勝手で、自分のことしか考えてなかったんですね。

今ではそのことを深く悔いていますが、妻はそんな私をなじったり、文句を言ったりイヤミを言ったりすることも一切しませんでした。

それどころか、家事や育児をテキパキこなし、それはもう見事なくらい、一人で家庭を切り盛りしてくれていました。

しかもありがたいことに、妻は私の仕事に口出しするということもしませんでした。「もっとがんばりなさいよ」とハッパをかけたり、私の番組を聴いて「ここはこうしたほうがいいんじゃない」なんて意見することもまったくない。

たまに人から「ダンナさん、あの番組に出てたわね」って話題をふられることもあったみたいですが、そういうときは「どうせ冗談しか言ってないでしょ」と、軽くさらりと受け流してくれていました。

まあ無関心だったといえばそれまでですけど、あれこれ干渉せずにいてくれる感じが、当時の私にはすごく居心地がよかった。たぶん、こういう人のことを良《りょう》妻賢母《さいけんぼ》というんでしょうね。

それと、うちは記念日や特別な日をお祝いしたり、何かプレゼントするという習慣もありません。結婚記念日然り、お互いの誕生日然り。もちろん「勤続何年おめでとう」とか「番組が終わってお疲れ様」のようなイベントもゼロ。

一度だけ海外のロケ土産で、ブレスレットを買って帰ったことがありましたが、「こんな手錠みたいにゴッツイの、つけられないわよ」。まあ全然、期待されてないわけですね(笑)。

こんなんで、よくまあ家族に愛想を尽かされなかったものだと思いますが、当時の私は家族のことが考えられなくなるくらい、それは仕事に没頭していました。まさに絵に描いたような「仕事人間」でした。

家族サービスも妻への労いもできない、典型的な「昭和のオジサン」だったわけです。

ニュースの向こうに何かが見える！
過激で刺激的な『本気でDONDON』な日々

そうこうするうち、結婚からかれこれ10年ほどが経ち、私の忙しさはピークにさしかかります。

そのど真ん中にあったのが、昭和63年から平成12年まで続いた、『梶原しげるの本気でＤＯＮＤＯＮ』というラジオ番組です。

この番組は「ニュースの向こうに何かが見える　我らニュースの探検隊」をキャッチフレーズに、新聞記事から感じたちょっとした疑問を、探検するが如くアポなしでどんどん突撃取材するという内容です。

月曜から金曜まで、毎回一つのテーマを取り上げて、当事者や関係者に取材を試み、そこをどんどん深掘りしていくのですが、これがまあ今じゃ考えられないくらい過激でイケイケで、テーマもじつにさまざま。「不倫」や「バイアグラ」のような下ネタもあれば、「児童虐待」や「生活保護」のような社会ネタもあり。中には中核派のアジトや朝鮮総連を「突撃する」と称して訪ねるなんていう、危なっかしいのもありました。

今だったらとても扱えないようなテーマまで、タイトル通り本気でどんどん取材しちゃうという番組だったんですが、この番組のスケジュールがまたものすごくハードなんです。

まず、スタッフ全員が早朝に集結。当日の新聞記事をくまなくチェックし、これはというものを選び出し、テーマを決めて疑問を膨らませていく。そして関係者に電話をかけ、疑問に答えてくれそうな人物を探し出す。

私は私で、さまざまな新聞記事や通信社からのファックスに目を通しておき、放送前に本日のテーマを決め、渡された資料を猛スピードで読み込んで、自分なりに疑問や聞きたいことを準備する。そしてオンエアギリギリから四方八方に電話をかけまくり、探検をスタートさせる。

もちろん、番組中にいきなり電話しても取材に応じてもらえないこともありましたし、せっかく取材できても、先方から大声で怒鳴られることもありました。「それはなんでしょうか?」「どういうことでしょうか?」と私が素朴な質問を投げかけていくと「そんなことも知らずに人にものを聞くのは失礼だろう!」と罵倒《ばとう》されるわけです。

仕事とはいえ、罵倒されるのは決していい気はしませんでしたが、新聞にもニュース番組にも出てこなかった事実が、自分たちの取材を通して明らかにされていく過程はじつにエキサイティングです。

リスナーから思いもよらなかった情報が寄せられ、リスナーとの一体感が感じられたときは、「さらに面白いものを作ろう!」とガゼンやる気もわきました。

「どこが本気なんだよ！」「ふざけた番組だな！」とお叱りを受けることも多々ありましたが、10年にわたって続いたこの番組が、アナウンサーとしての私を鍛え上げ、私のキャリアに大きく貢献してくれたことに間違いはありません。

ただ、その一方で、この番組は私の私生活をいっときおびやかしもしました。

忘れもしない、あの麻原《あさはら》彰晃《しょうこう》率いるオウム真理教を取材したときです。

麻原彰晃に突撃取材。そしてオウムが家にやってきた!?

ことの始まりは、街中で見かけた麻原彰晃（松本智津夫《ちづお》）のポスターでした。「このポスター、よく見かけるけど、一体誰なんだろう?」

調べるうち、それがオウム真理教という教団のトップだということがわかりました。じゃあそのトップに取材を試みようと連絡を取ると、上祐史浩《じょうゆうふみひろ》という広報部長が出てきて、麻原彰晃に話が聞けるということになりました。

で、私はいつも通り、取材対象である麻原彰晃に素朴な疑問をどんどんぶつけていったわけですが、途中で相手が激昂し、ワーワー激しく騒ぎ出しました。

じつは麻原彰晃の取材に先駆けて、私たちはのちに殺害されてしまう「オウム真理教被害者の会」の坂本堤《さかもとつつみ》弁護士に取材し、オウム真理教が宗教団体ではなく、信者からお金を巻き上げるインチキ団体だと聞いていました。

そこでその事実を告げ、「本当はどうなんですか」と詰め寄ったところ、麻原彰晃が怒り出し、許さないのなんのと大騒ぎし始めたわけです。その後教団は文化放送に街宣車をよこして騒ぎ立て、さらに番組スタッフに対しても威嚇《いかく》攻撃を始めました。

私の自宅マンションにもやってきて、郵便受けに不穏なビラを配り入れるということまでされたのです。

これにはさすがに私も焦りました。教団が地下鉄サリン事件を起こす前のことでしたが、家族に何かあったらいけないとビラを持って警察署に行き、警備を強化してもらうようお願いしました。

（教団は何をするかわからない。自宅だけじゃなく子どもの通学も警備をつけてもらったほうが安全かもしれない）

私はビビリなものでそう思ったんですが、妻に相談すると、「そこまでしてもらう必要ないわよ。私が目を離さないようにするから大丈夫」とアッサリ。肝《きも》が据わっているというかなんというか、妻は不穏なビラに必要以上に騒ぐこともなく、事件に淡々と対応してくれました。

そして、この放送の翌月に坂本弁護士失踪事件が報道され、その後番組関係者が裁判に呼ばれ、教団から受けた被害について聞き取りが行われました。

さらに月日が下って、オウム真理教にいよいよ強制捜査が入るという日には、教団の青山吉伸《あおやまよしのぶ》弁護士を番組ゲストに呼び、強制捜査のテレビニュースを見ながらインタビューをするという、とんでもない企画まで行われました。

今思うと、気弱な私がよくもまあこんな大事件に首を突っ込めたもんです。そのくらい真剣に、無我夢中で、この番組に取り組んでいたということでしょうか。

それにしても、一連の教団の所業からもわかるように、オウムにはとてつもない狂気が渦巻いていました。その巨悪にいち早く立ち向かい、闘って犠牲となった坂本弁護士とご家族の皆様のご冥福を心からお祈りするばかりです。

気が弱くて引っ込み思案。そんな私がなぜアナウンサーになったのか

ここまでお読みになったみなさんは、ちょっと不思議に思うかもしれません。「ビビリで気弱なくせに、梶原はなんでアナウンサーになろうなんて思ったんだ？」

そう、私はビビリで気弱です。ネガティブで心配性で、なんでも悪いほうに考えてしまいます。

何しろちょっと具合が悪くなっただけで、すぐに「ここが痛い」「あそこがヘンだ」と気にします。「何か悪い病気じゃないか」といちいち妻に相談します。

一方妻は私と正反対で、ちょっとやそっとじゃガタガタ騒ぎません。明るくポジティブで肝が据わってますから、私の訴えも「何言ってんのよ」で終わり。

一緒になって心配しないのは、妻なりの思いやりだと私は受け止めていますが、本音では「小さいことで騒ぐんじゃないわよ」「なんでドーンと構えていられないかなぁ」なんて思っているかもしれません。

実際妻からは「しげるさんって、いつもテンパってるわよね。もっとリラックスしたら?」なんてこともよく言われます。

じゃあ、どうしてそんな私がアナウンサーになんかなろうと思ったのか。

きっかけは、学生時代から音楽が好きだったことでした。

当時、私は大学の音楽サークル仲間とバンドを組んで音楽活動をしており、ゆくゆくはレコーディングディレクターのような、音楽を作る仕事に就きたいと考えていました。

バンドの先輩にレコード会社に就職した人がいて、高価だったレコードのサンプルをポンポン私たちにくれる姿を見て、「カッコイイなあ」「自分もこういう仕事に就きたいなあ」って思ってたんですね。

当時目標にしていた某レコード会社に就職するには、教授推薦が必要でした。しかし、推薦してくれそうな教授に心当たりもないし、どうやって探し出せばいいかもわからない。

そんなとき、アナウンサーなら教授推薦も不要で、誰もが受けられるということがわかりました。

その頃全国には100以上の放送局があり、多くの求人募集がありました。もちろん、そのぶんアナウンサーを目指す人も数多くいました。

ただ、私は気弱で引っ込み思案ながら、バンドのライブではMCのようなこともしていました。人前に出るのが苦手なくせに、好きな音楽のことであれば、案外臆することなく話を披露することができたんですね。

で、バンドメンバーのすすめもあり、私はアナウンサー試験を受けるため、アナウンサー予備校に通い始めたのですが、これが意外にも性に合った。訥弁《とつべん》な両親の血を引く私には、人前でしゃべるなんて本来向いていないはずなのです。ところが予備校の先生の一言が私の背中を押してくれました。

「しゃべりは才能じゃない、努力だ！」

すっかりその気になって休むことなく予備校に通い、「あえいうえおあお」の発声練習を声がかれるまで愚直に続け、アナウンサーを目標に日々をすごしていました。

大学4年生の4月半ば過ぎ、予備校の仲間たちと「日本全国放送局受験巡りの旅」が始まりました。仲間たちと、福岡、大阪、名古屋、そして東京と受験会場をみんなで回り、拾ってくれる局と出会ったところで旅は終了です。

こうして私は運良く、東京のラジオ局文化放送に採用され、アナウンサーへの道を歩み始めることになったわけです。

みのもんたさんという大先輩から教わったこと

入社してすぐ面倒を見てくれた先輩がみのもんたさんでした。

通常、新人アナはベテラン社員について発声発音から学ぶのですが、この年採用されたアナウンサー四人のうち、男子は私一人。心細かろうと年齢も5つほどしか違いのない若きスーパースターを教育担当につけてくれたのかもしれません。

初日の出会いは本社玄関前でした。ビシッとジャケットを羽織ったみのさんは、私を見つけるなり両手を広げ「梶原君だね？　文化放送へようこそ！」

「スゲェ～！　本物だあ……。」と度肝《どぎも》を抜かれました。

ものの価値観を完璧に覆《くつがえ》してしまうような人っていうんでしょうか。ある意味むちゃくちゃなんだけど、すごくユーモラスで、チャーミングで、人を惹きつけずにはいられない。こんな人、滅多にお目にかかれませんからね。

「おふざけばかり言ってないで、もっと真面目に教えてよー」って言いたくなるときもありましたけど（笑）、みのさんは通りいっぺんでは学べない、放送の仕事、話す仕事の真髄のようなものを、身を持って教えてくれた気がします。

話というのは、口先だけでなく心のありようが大事だ。

面白いことを、本気で面白がれることが大事だ。

実際、私はその後もみのさんの番組でご一緒させていただき、番組中にひたすら笑う、笑いすぎて二人してディレクターに叱られる、みたいな時期を過ごさせてもらいましたが、今振り返ると、あれは本当に貴重な時間だったと思います。

私はそれから何年か後に、ラジオだけでなくテレビの仕事もするようになるんですが、このときみのさんから教わったことが、私自身の軸になっていると言っても過言ではありません。

みのさんは人から話を聞き出すのが天才的にうまいのです。

私が入社間もないころ、夜10時から始まるみのさんの番組でリポーターを務めていました。

私の役目は昼間から公園で盛り上がっている熱愛カップルに「今、何やってるんですか?」と直撃インタビューすることです。

あれから数時間、さあこの二人はいまどうしているのか? をみのさんが直接電話で聞き出すそのツッコミの面白いこと!

私が取材したときはいや〜な顔ばかりされるのに、みのさんが聞くとみんなうれしそうにペラペラあけすけに話し始めちゃう。

熱々な二人に私がマイクを向けると、「勘弁して下さいよ」とさも迷惑そうに八割方は拒まれてしまうところ、「そこをなんとか」と頼み込み、半ばゴリ押し

で答えていただいたのですが、ひとたびみのさんが電話口に出て、

「もしもし、みのですが、今下宿ですか？　ホテルですか？」

などと話を始めるや、あれよあれよという間に展開して、あんなにイヤがっていたはずの二人が、進んで本音を語り始めたのです。

これには本当にびっくりです！

同じ話を聞くのでも、聞き方一つでこうも変わる。

つまらなくもなれば、腹を抱えて笑うようなものにもなる。

どこにでもありそうな話題が、誰もが聞き入ってしまう興味深い話題になる。

こういう見事な話術を目の当たりにしていなかったら、私は放送の面白さ、ラジオの本当の面白さを知ることはおそらくなかったでしょうね。


今思えば、私はこういう経験を通して、「役割を背負う」ということを学んだ

のかもしれません。

「気弱な梶原しげる」ではなく、「アナウンサーの梶原しげる」という役割をしっかり背負って、人に話を聞き、ものをしゃべる。

素のまんまのじゃなく、「聞き手として面白おかしく掘り下げる人としての自分」を作り上げて初めて、相手は警戒心をとき、本音を語ってくれる。

そこを理解したからこそ、引っ込み思案にもかかわらずこの仕事が続けられ、素の自分ではできなかった勝負に出られた、という気がするんです。

そもそも考えてみたら、あのみのさんだって、四六時中むちゃくちゃなわけじゃないんですよね。ときには上司、先輩から叱られて、黙って小さくなっていたことだってありました。

当たり前のことですが、人間常に役割を背負って、役割通りに振る舞い続けるなんて無理ですもんね。

ただ、みのさんはそういう自分さえ即座に客観視しちゃう。

失敗して叱られている自分も、突き放して笑い飛ばすことができちゃう。

「カーッ、やっちゃったよ、やっちゃいましたよ。いやー一体何がダメだったのかっていうとさあ」

なんて言いながら、叱られた自分のダメさ加減を私に解説したりなんかする。

いや本当に、こんな面白い人はいないって、今でも心底思いますよね。

こうして、私は役割を背負うことを知り、アナウンサーとして全力を尽くすようになったわけですが、それができたのは、あくまで仕事をしているときだけ。家庭での私は、まったく素のまんまで、役割を背負う、いや、役割を意識することさえありませんでした。

最近でこそ、（無理なくうまい具合に、夫としての役割を背負えるようになったかな）なんて思いますが、そうなるには、その後何年もの時間が必要でした。

第2章

フリー人生の始まりと、妻の異変と

ラジオとテレビ、「二足のわらじ」が始まった！

文化放送のアナウンサーになって六年目、フジテレビのプロデューサーから、こんな連絡をいただきました。

「『なるほど！ザ・ワールド』のレポーターをやってみませんか？」

『なるほど！ザ・ワールド』は、世界各地の話題をクイズ形式で紹介するという当時大人気だった番組です。海外だけでなく国内の話題を扱うこともあり、そのレポーターとして私が指名されたのです。

当時の私は、テレビの仕事は未体験。しかもオファーをいただいたのは、高視聴率を誇る局の看板番組。「やってみたい！」という気持ちは大いにありましたが、私は文化放送の社員です。立場上自分の一存で決めるわけにはいきません。

（社員でありながらよその仕事をするなんて、そんなの許されっこないよな）

そう思いつつ上司に相談すると、返ってきた答えは意外にも「面白そうじゃないか。やってみろ」。「ならば」とレポーターの仕事をお引き受けし、私はラジオからテレビへと、仕事の幅を広げていきました。

ちょうど同じ頃、日本の演歌や歌謡曲を英訳して唄う謎の人物シーゲル・カジワラとしてレコードデビュー、キングレコードヒット賞やレコード大賞企画賞にノミネートされたのをきっかけに、『題名のない音楽会』などの音楽番組や深夜のバラエティ番組にもしばしば声をかけていただくこととなりました。

それからしばらくして、今度はテレビ朝日系の『プレステージ』という深夜番組からもレギュラー司会のお声がかかりました。

『プレステージ』は、『朝まで生テレビ！』のミニ版のような番組で、毎回一つのテーマを取り上げて、芸能人や専門家らが激論を繰り広げます。テーマはお堅いものに限らず、「宇宙人はいるか」を大真面目に論じたり、「爬虫類大研究」と称してスタジオ中に蛇を放つ、なんていうトンデモ企画をやることもありました。

こうして、私は文化放送のアナウンサーをやりつつ、他局で司会やレポーターも務めるという二足のわらじをスタートさせたのですが、スケジュールが過密になるにつれ、周囲にしばしば迷惑をかけてしまうことが生じ始めました。

会社から注意を受けるほどではありませんでしたが、中には「社員なのに他局の仕事をやるなんて非常識だろう」という否定的な意見もあったかもしれません。

考えた末、私は辞表を書いて上司に提出しました。長く面倒を見てくれた文化放送を離れるのは後ろ髪引かれる思いもありましたが、「このまま迷惑をかけ続けるのは申し訳ない。潔《いさぎよ》く辞めたほうがいい」と思ったのです。

ところが、上司のほうはあまりまともに取り合おうとしません。

「（辞表を手に）ん？　なんだこれは？　なんの書類だ？　何を書いているんだ？　おっとっと……あれあれ？　どっかに行っちゃったぞ」

なんてふざけながら、辞表をデスクにしまい、なかったことにするというお芝居までしてくれました。「気にしないでいい、そのまま続けなさい」という、上司なりの温情だったんでしょうね。

とはいえ、実際社員として働きながら他局のしかもテレビの仕事をするのは相当ハードです。当時私のもとには、全国の百貨店でのオープニングイベントや結婚式の司会など、放送以外の仕事の依頼も来るようになっていました。

（これならフリーになってもやっていける。ひょっとするとテレビ一本でも食べていけるかもしれない）

まあ振り返れば、時代がよかった、ゆるかったということなんでしょうが、私は次々と舞い込む仕事を前に、「サラリーマンを辞めてフリーになって活躍する」という、ちょっとした野心のようなものを少しずつ膨らませつつあったわけです。

そんな折、『プレステージ』でお世話になったプロデューサーからあるテレビ番組制作会社を紹介されました。「そろそろ会社を辞めてフリーになったら。制作会社に所属すれば、仕事のマネジメントやギャラの管理などもやってもらえますよ」と勧められたのです。

私にとっては、まさに渡りに船。仕事やスケジュールを管理してもらえるなら、こんなにありがたいことはありません。「フリーになるなら今がチャンスだ！」とばかりに、私は長らくお世話になった文化放送を辞めることに決めました。

と言っても、『本気でＤＯＮＤＯＮ』などの担当番組はそのまま続けることになり、これまで同様文化放送の仕事をしつつ、テレビやイベントの仕事をどしどしと引き受けるという、仕事ずくめの人生に突っ込んでいくことになったのです。

フリーになるとは、「ものを贈ること・もらうこと」

フリーランスになった私を待ち受けていたのは、想像以上に多忙な日々でした。覚悟はしていましたが、しばらくの間は休日返上で、睡眠時間を削って働くという状態が続きました。

私が当時どんな番組をやっていたか、華やかだった時代を少しだけ振り返ってみましょう。

TBSテレビ系月～金朝6時50分から始まる朝のワイド『フレッシュ！』出演のため午前3時起床、その後社員時代から引き続きやらせていただいた文化放送の『本気でDONDON』。月曜から金曜まで、毎朝8時すぎに集まって会議が始まり、11時に本番がスタート。昼の1時に本番を終えるとタクシーで日本テレビに入り、峰竜太さんと一緒に司会する『峰クンしげるのごくらく生テレビ』へ直行、2時から本番。テレビ朝日では、深夜の『プレステージ』のほか、芸能人の方をお呼びして思い出の音楽について語っていただく『思い出音楽館』や、昭和歌謡の真髄を歌っていただく『帰ってきた昭和の名曲』など音楽番組。そのほかバラエティ番組では週1レギュラーで『上岡龍太郎がズバリ!』(TBS系)、大食い番組『フードバトルクラブ』(TBS系)、『ジャングルTV〜タモリの法則』(TBS系)、『タモリ倶楽部』(テレビ朝日系)や『タモリのUFO緊急スペシャル』(テレビ朝日系)、『ダウンタウンのガキの使いやあらへんで!』(日本テレビ系)にご指名いただいたり、田原総一朗さんの『朝まで生テレビ!』(テレビ朝日系)の司会のピンチヒッターを務めさせていただいたのがご縁で、田原さんと特番をご一緒させていただくということもありました。

今思うと、フリーになって早々、これだけの番組をよくまあこなしたもんです。

ところで、フリーになって一つ面食らったことがあります、何かにつけてはお花やプレゼントを贈り合うという、芸能界特有（？）の習慣です。

スタッフの誰かが結婚すれば結婚式に花を贈る。スタッフのどなたかの親戚がお亡くなりになれば、葬儀や通夜の供花を手配する。これは世間的にも当然のことなのでしょう。

一方で忘年会や新年会ともなると、出演者は日頃お世話になっているスタッフさんのために知恵を絞って、ビンゴゲームなどイベント用のプレゼントとして家電製品やバッグや衣類などファッション関連商品を持ち寄ります。人気で入手困難なものほど好まれますから、用意するのも結構大変でした。

また収録の日は有名店のお菓子などを差し入れする。お世話になっている誰かの誕生日には、その人の喜びそうなものをみんなで各々プレゼントする。

なんというか、「フリーランスになる＝ものを贈ること」と言いたいくらい、とにかく贈ったりもらったりで大忙しという感じでした。

もちろん、誰に何を贈るか互いの担当マネージャーがひそかに情報交換したり、なんてこともあったでしょう。

でも、毎度毎度マネージャーさんたちにお任せというのも気が引けます。「最近はこれが人気らしい」「あの店のこれが有名だ」くらいの情報を常にキャッチしておかないと、フリーとして芸がないと思われるかもしれません。

とはいえ、前にもお話ししたように、私は記念日や贈り物にはまるっきりうとい男です。そういう気遣いに関しては、人並み以下。正直、フリーになって何が一番大変だったかと聞かれたら、私は迷わず「プレゼント探し」と答えるでしょうね（笑）。

ただ、幸いなことに、私のそばにはこういうことにとても強い人がいました。

そう、ほかでもない私の妻です。

妻は長年建設会社に勤めていました。建設関係の会社では、関連会社さんが発注元を訪れる際、しばしば地域の名産などを手土産に持参します。逆にこちらがおもたせを用意して、持ち帰ってもらうこともあります。

こうした贈ったり贈られたりという習慣に慣れていたせいか、妻は「それならあの店のこれがいいわよ」「〇〇デパートなら、こういうのもあるわよ」など、それは有用な助言をくれました。祝儀不祝儀に関しても、失礼のないやり方を私にきちんと教えてくれました。

お恥ずかしい話ですが、私はその年になるまで、慶事や弔事のマナーをろくにわかっていませんでした。大人として身につけておかなければいけない社会の掟を、ろくすっぽ理解していなかったと言ってもいいかもしれません。

ですので、何かしら社会常識が求められるようなことが起きたときは、すぐ妻に相談しました。「こういう場合は電話したほうがいいのか」「電話するならどのタイミングがいいのか」など、具体的な対応の仕方まで教えてもらっていました。

妻にあれこれ教えてもらうたび、「へえ〜、そうなんだ、よくそんなことまで知っているなあ、さすがだなあ」と私は感心ばかりしていましたが、かたや妻のほうは、40歳過ぎても何も知らないガキっぽい夫を、内心「やれやれ」と思っていたかもしれません。

カメラマンに「映ってねえぞ」と叱られて

テレビの仕事をするようになって、大きく戸惑ったことがあります。

それは「カメラや照明を意識しなければならない」ということです。

「そんなの当たり前だろ」って言われそうですけど、ラジオしか知らなかった身にとっては、これが結構大変なのです。

例えばラジオの場合、映像的な制約がありませんから、照明が当たっていようがいまいが、自分と相手との距離がどれだけだろうが、あまり気にする必要はありません。とにかく音声がうまくとれていればとりあえずオーケーです。

ところが、テレビの場合はそうはいきません。

「カメラが今ここを撮っているな」というのを心得た上で動かなければなりませ

んし、「今、照明をここから入れているから、ここの位置に立ってやらなきゃいけないな」などと考えながら、自分の立ち位置を決めなければなりません。

レポーターもアナウンサーも、テレビの人はみなそういうことについてものすごく訓練を受けているのですが、ラジオしか経験のなかった私は、その点については素人も同然です。

だから最初のうちは、カメラから見切れてしまう位置でしゃべろうとして、「おい、映ってねえぞ！」とカメラさんにしばしば叱られました。

また、何かを手に取って「これ、ちょっと見てみましょうか」などと紹介するような場合、テレビだと、手を伸ばして、ものを取って、というプロセスがきちんと見えるように撮影しなければなりません。

そのためには、「これ」と手を伸ばしてから触るまで、少し間を置かなくてはいけないのですが、そこをよくわかっていなかった私は、そのままスーッと手を伸ばしサッと取って紹介しようとしてしまいました。

そこでしばしばカメラさんから、「おい！　それじゃ撮れねえだろうが！」とガツンとカミナリを落とされるわけです。すいませんでした……。

私はこういう経験を通じて、テレビはチームワークの大切な総合芸術だとつくづく感じました。

映像はもちろん、音声にも照明にも気をつけなければならない。何がどうなって、誰がどう動いて、というところまで、しっかり計算に入れながら撮影しなければならない。

このように、テレビというのは、ラジオとは別の配慮や計算が求められます。手間ひまもかかりますし、神経も使います。

最近はラジオのみならず、ポッドキャストや音声配信サービスなど、音声メディアに注目が高まりつつあるのだそうですが、それは音声メディアの自由さ、その魅力に、多くの人が気づき始めたということではないでしょうか。

ラジオ放送とテレビ放送の両方行う放送局をラ・テ兼営局と言います。東京の民放で言えばTBSです。テレビ放送のみであればテレビ単営、ラジオ放送のみであればラジオ単営局。私が入社した文化放送はラジオ単営局ということです。

テレビ単営局のアナウンサーは、映像を生かした無駄のないしゃべりをする方が多い一方で、私のようにラジオ単営局の、または出身のアナウンサーは見えないものを見えるように伝える必要があり、必然的にテレビ単営局のアナウンサーより多弁という印象があります。

野球中継をイメージすると違いがわかりやすいかもしれません。ラジオアナウンサーは目の前の展開を早口で逐次描写していくスタイルが基本ですが、テレビのアナウンサーは解説者との会話で試合の面白味を視聴者とゆったり分かち合う感じです。

野球ファンの中にはテレビの音声を消して、ラジオ中継を聴きながらテレビの映像を見るという人もいるようです。

ちなみにみのもんた先輩の、テレビで野球中継の面白場面を伝える『プロ野球珍プレー・好プレー大賞』（フジテレビ系）は、テレビ映像の面白さにラジオ的しゃべりの楽しさを合わせ持ったことで人気となりました。

その後テレビでの仕事を重ねるにつれ、映像メディアにも慣れましたが、私はラジオ畑で育ったせいか、姿勢を正して行儀よく映像に収まって、という撮り方は、どうも性に合いません。

計算され尽くした映像の世界より、しゃべりで自由に表現する、どちらかというと音声主体の世界のほうに、おのずと心が惹かれてしまいます。

相変わらず「家オタク」な私。理想の住まいを探して川崎、そして目黒へ

テレビの仕事をやり始め、フリーランスになり、バタバタとせわしない日々を送っていた私でしたが、「家オタク」は相変わらずでした。どんなに忙しくても、時間を見つけては『週刊住宅情報』なんかを熟読していました。

話が前後しますが、まだ文化放送の社員だった頃、「子どもも大きくなってきたし、もう少し広い家に引っ越そうか」ということになり、ふたたび家探しを始めました。

目をつけたのは、都内より割安な神奈川県川崎市。

例によって、私は住宅情報誌を手に妻とともにお目当ての物件を見にいきましたが、情報誌の写真には写っていない国道が目の前に通り、騒音もすごいし事故

の危険も高そうだ。

「これは出直すしかないかな」と思いながら、その物件から南へ下りプラプラ歩き回っていると、いつしか景色が変わり、緑豊かな街並みが見えてきました。

そこには瀟洒《しょうしゃ》な住宅街が広がり、そばには小さな駅があり、駅ビルには本屋さんやクリニックもあります。駅前にはコンビニや郵便局もあり、便利だけれど、決して騒々しくはありません。

「ここ、いいなあ」と思って眺めていると、駅の真向かいに、新築マンションのモデルルームが目に入りました。

モデルルームに入ると、部屋番号の上に抽選倍率がマジックインキで書かれています。倍率が二桁のものもあり、人気の高いマンションであることがうかがえました。

駅から歩いて2分の物件としては広さもまあまあ値段も安く、とりあえず抽選に申し込むことにしました。

すると、なんとここでも抽選に当選！　公団の頃から数えてこれで三度目。一体私はどれだけ不動産抽選運についているのでしょうか（笑）。


こうして私はそのマンションを買い、そこに住み始めました。マンションの目の前には欅《けやき》がシンボルの公園があり、子育て中のママさんたちの憩《いこ》いの場となっていました。うちの妻もここでたくさんの友達を作り、その方たちとは今でも交流があります。

そのマンションに約10年、その後、すぐ近くに新築された広めのマンションに移り住み約10年、計20年。川崎北部ののどかな田園都市を味わい尽くした私たち家族は、縁あって目黒区の一戸建てへと転居しました。ここでの生活も早20年となりました。

中古だけれど、夫婦二人で住むには十分な広さがあって、便利で環境もよくて、おまけにワンコも飼えて。

それに何より、その辺りはかつて妻が家族と住んだことのある地域でした。「懐かしいな」と言いながらその付近を歩く妻の目は、心なしかキラキラ輝いていました。小さい頃を思い出して、目を潤《うる》ませていたのかもしれません。

こうして、私の不動産巡りは終わりを告げました。

今現在も住んでいるこの家が、たぶん私たち夫婦の終《つい》のすみかです。よほどのことがない限り、もうここからよそへ移り住むことはないんじゃないかと思います。

新しいマンションを見ると、「どんな間取りかな」「いくらなのかな」なんて気になっちゃうこともありますけど、もう売ったり買ったりは卒業。だって、最高の我が家を手に入れたわけですから。

でも、この最後の家で落ち着いて暮らすようになるまでには、あれやこれやさまざまなことがありました。住まいを転々とするとともに、私たち夫婦の関係もゆらゆらと不安定に揺れ動いていた時期だったかもしれません。

フリーになって仕事が増え、よくも悪くも自信をつけていったこの頃の私は、少しばかり傲慢な気持ちを強めつつありました。

売れっ子になって、好き勝手して、次第に妻を顧みなくなって……

フリーになって、収入が増えて、不動産売買を繰り返して。

その頃の私は、イケイケでした。しかも何を決めるにも、「妻の考えを聞く」ということを一切しませんでした。

自分が困ったときには意見を求めるくせに、仕事や家など重要なことに関しては、「妻の意見を聞いてみよう」とはこれっぽっちも思わなかったようなのです。

本来なら、フリーになるにも家を売り買いするにも、まずはパートナーの考えを聞きますよね。「会社員を辞めてフリーになろうと思っているんだけど、いいかな」「家を住み替えたいんだけど、どう思う?」って。

仕事のことも家のことも、妻の人生に関わることです。妻にも当然意見を言う権利があります。何も知らされずに勝手に決められたら、腹も立つし文句の一つも言いたくなるってもんです。

でも、妻は何も言わなかった。フリーになったときも、次々とマンションを住み替えたときも。

「フリーなんかになって、これから私たちどうなるの？」「家の売り買いなんかして、大丈夫なの？」というような不安を漏らすこともありませんでした。

私はそんな妻を、「細かいことを気にしないおおらかな人」「夫を好きにさせてくれる懐《ふところ》の深い女性」だと思っていました。

でも、どうやらそれは私の大きな勘違いでした。この本を書くにあたって「本当はどう思っていたの？」と聞いたところ、妻はキッパリこう言いました。

「フリーになるなんて、そりゃイヤだったわよ」

子どもたちの教育も終わっていないし、家のローンもある。おまけに仲良しのママ友たちの夫はみなサラリーマン。大企業や有名企業に勤めている人も少なくない。

「文化放送に勤めている」と言えばそれなりに格好がついたものを、浮草稼業のフリーランスじゃ口にするのも憚《はばか》られる……とまでは言いませんでしたが、妻としてはそういう居心地の悪さもあり、フリーになることについては、快くは思っていなかったそうです。

でも、当時の妻の様子からは、そんな不満はみじんも感じられませんでした。むしろご近所の人やママ友たちと楽しく付き合い、趣味を通して仲間を作り、人生を大いに楽しんでいるように見えました。

「あなたはあなたで好きにやって。私は私で楽しく生きるから」

私が何をしようと、妻は妻で楽しくやっている。もしかすると、文句一つ言わないのは、そもそも私に関心がないからかもしれない。

私は内心、そんなふうにも思っていました。

本当のところをもっとハッキリ言いましょう。

当時の私たちは険悪でした。私は仕事を言い訳に、妻の存在を顧《かえり》みなくなっていました。ないがしろにしていたと言ってもいいかもしれません。

もちろん「家族のためにがんばったんだ」と言うこともできたのでしょう。

でも、それは違います、大半は自分のためです。

名前を売りたい。もっと職域を広げて活躍したい。周囲からチヤホヤされたい。

当時の私には、そういうやらしい考えが紛《まぎ》れもなくあった。

そしてあろうことか、私はともに暮らしている妻を、たまたまそばにいて、身の回りの世話をしてくれている人ぐらいにしか思えなくなっていたのかもしれません。

今から思えば、当時妻の顔からは笑顔が消えていました。ケンカこそしませんでしたが、一緒になった頃の和《なご》やかな雰囲気の関係はすっかりなくなっていました。

「不満があるなら言ってくれればいいのに」と思わなくもないですが、おそらく言ったところで私は聞きやしない。結婚を決めたときのように、どんどん自分のペースで進めてしまう。おそらく妻はそう思ったに違いありません。

いや。もしかすると、妻は深く傷ついていたのかもしれません。パートナーである自分を顧みなくなっていく夫に失望し、文句を言うことさえできなかったのかもしれません。

そして気がつけば、私たちはろくに言葉も交わさない、夫婦という役割をただ淡々とこなすだけの間柄になっていた気がします。

愛情はとっくに失せたけど、とりあえず一緒にいる。夫（妻）という役割をほっぽり出すわけにもいかないから、なんとなく関係を続ける。今でいうところの仮面夫婦……に近いところもあったかもしれません。
ちょっとばかり売れていい気になっていた私は、妻がどれほど大切な存在であるかがわからなくなってしまっていたのです。

しかし、そんな私の横っ面を張るような事実が発覚します。
アーノルド・キアリ症候群。きわめてめずらしい小脳の奇形。
妻がこのただならぬ病に侵《おか》されていることを、ある日突然知らされたのです。
1995年1月のことでした。

「あなたは何をやってたんですか！」医師にガツンと叱られて

振り返ってみると、妻の病の予兆はいくつもありました。

ひどい頭痛や目まい。肩こりや腰痛。体の節々の痛み。イスに座ったり立ったりする動作もかつてのようにキビキビではなく、恐る恐るな感じに違和感を覚えました。笑顔もめっきり減りました。……どうしたんだろ……。

我慢強い妻は、私の前では努めていつも通りテキパキと家事と育児をこなしているように見えましたが、実際にはひどい痛みに耐えていたんですね。やがて限界となり、妻はかつて勤めていた会社の上司の紹介で、とある有名な脳外科医の診察を受けることになりました。

そして検査に検査を重ねたある日、夫である私が呼び出され、医師にこう告げられました。

「奥さんはアーノルド・キアリ症候群という小脳の奇形です。治すには手術するしかありません。手術しなければ体がまったく動かなくなる可能性もあります」

聞いたこともない病名を告《つ》げられた私は、「えっ！」と言ったきり言葉を失いました。

（アーノルド・キアリ？　小脳の奇形？　手術しなければ体が動かなくなる？）

呆然《ぼうぜん》とする私に、医師はたたみかけるように、少し語気を強めて言いました。

「あなたは奥さんの体の痛みを知らなかったんですか？　奥さんは大変な病気で、とても深刻な状況なんですよ。こんなにひどくなるまで放っておくなんて、あなた、一体何をやってたんですか」

もう、返す言葉もありませんでした。

ひたすら頭を下げて、「手術をお願いします。どうかよろしくお願いします」

と言うので精一杯でした。正直に言えば、病の宣告や医師からの叱咤《しった》をしかと受け止めるだけの余裕さえ、ほとんどないほどうろたえました。

当時私の忙しさはマックスでした。『本気でDONDON』の前に朝のワイドショーをやり、さらに夜もバラエティを抱えるという状態で、先生の説明を聞きながらも、時計をチラチラ気にするというありさまでした。

妻が手術を受ける日も朝から仕事があり、手術前にちょこっと病院に寄って「じゃあ、がんばってね」と送り出すや、そそくさと局に戻らなければなりませんでした。

大事な手術の日くらいそばにいてやればいいものを、私はやっぱり仕事を優先してしまった。人非人《にんぴにん》と言われても仕方ないかもしれません。

幸いなことに、手術はとりあえず成功しました。とりあえず、というのはこの病気に完治というのはないからです。あとで知ったことですが、妻の主治医（執刀医）は腕も人望もある評判の医師で、妻によれば「奥様を大事にされるとても優しい先生」とのことでした。

私を厳しく叱ったのも、おそらく愛妻家ゆえのことだったのでしょう。ガツンと喝《かつ》を入れていただいた先生には、今も心から感謝しています。


手術が成功したからと言って、問題が全て解消したわけではありません。アーノルド・キアリ症候群は、小脳の一部が変形することで、脳の髄液が頭蓋骨から脊髄のほうへと流れてしまい、その結果運動機能に障害が出たり、頭痛や目まいなどが引き起こされる病気です。

その髄液の流れを堰《せ》き止めるために、頭を開き何か網のようなものをつけるという手術をしたのですが、手術をしても病の進行を止めるのはなかなか難しいようです。

術後一時的に日常生活を取り戻せても、病気の進行具合によっては、体の痛みや歪《ゆが》み、目まいや頭痛が、ふたたびひどくなる可能性もある。アーノルド・キアリ症候群は、術後も予断を許さない深刻な病気だというのです。

しかし、当時の私は手術の成功に胸を撫《な》で下ろすばかりで、病気を正しく理解することも、重篤な病だと認識することもあまりできていませんでした。妻の突然の発病・入院・手術と、目の前にある仕事の山に押し潰されるばかりでした。

妻じゃありませんが、まさに「テンパってる」状態。妻を支える頼もしい夫とは残念ながらほど遠かったのです。

「パパが何もしないから！」中学生の娘に叱られて

妻の入院は二ヶ月に及びました。

私は仕事の合間を縫って、できるだけ妻の見舞いに行くようにしていました。

一方、当時中学生だった娘と小学生だった息子も、学校が終わると、それぞれに妻の見舞いに行っていたようでした。

今思うと、そんな年端もいかない子どもたちが、よく大人の付き添いもなしに病院に行けたものです。二人とも仕事三昧の父をあてにもせず、授業を終えたその足で母親の病室に通っていたのです。

では、妻がいない間、食事や洗濯など家のことはどうしていたのか。

私が一念発起して、妻に代わって子どもたちの世話を！

……と言いたいところですが、時間的余裕も家事能力も一切ない私ができるはずもなく、時間の空いたときにファミレスに連れて行くのが関の山でした。

あるとき、妻が入院する病院で、学校帰りに立ち寄った娘とバッタリ出会い、一緒に見舞ったあと、夕飯を国道沿いのファミレスで食べて帰ることにしました。

妻が一緒のファミレスなら、学校での出来事を弟と競い合うように喜々として話す娘が、この日はニコリともせず父親のあとに続いて店内に入り、「私はピザでいい」と一言だけ言ってあとは黙ったままです。やって来たピザを口にしたとたんガリッと変な音がして、娘の目から大粒の涙が溢《あふ》れてきました。

「このピザ、中が凍ってる！」

凍ったままのピザが出された悲しみというより、ママと一緒にいられないさみしさがこみ上げてきたのでしょう。

冷たくて固いピザを泣きじゃくりながら頬張る娘を前に、私は無力感と申し訳なさと、今さらながら妻が子どもたちにとってどれほどかけがえのない存在かを思い知らされ、何も言えなくなってしまったのでした。

ただ、さすがは妻の子と言いますか、娘が気弱なところを見せたのはそれ一度きりで、その後はどんどんたくましくなっていきました。

妻の病室に通っては、買い物や料理の指南を受けて、自ら進んで家事をやり始めました。大したものは作れなくとも、ご飯を炊く、麺をゆでる、惣菜やレトルトを温めて食卓に並べるなどは、難なくこなすようになりました。

また、洗濯は私の役目でしたが、洗濯物を取り込んでたたむのは娘がやってくれていました。掃除や部屋の片付けも、娘が率先してやってくれていました。

おまけに、娘は家のことに関して「あれをやって」「これをこうして」と私に指示を出し始めます。家にいても何もせず、娘がやることを黙って見ているだけの私を、厳しい口調で叱りつけるようにもなりました。

「パパって、本当に何もやらないんだから！」

「親に向かって」とはとても言えません。私にはその資格もありません。本当にその通りなんだから、言い返せるはずもありません。私は「ゴメンね」とつぶやいて、大人しく従うしかありませんでした。


それにしても、母親の入院にいつまでもメソメソしない娘は立派です。まだ中学生にもかかわらず、母親不在の家を守ろうとした気概は頼もしいの一言に尽きます。これはもう間違いなく、妻譲りの性格でしょうね。

そんな娘に比べたら、私はやっぱり情けなかった。

妻の病気を子どもたちに伝えるときも、「ママは運がいいからね、気持ちが強いからね、何があっても大丈夫なんだよ」なんて、根拠のない楽観論を述べるくらいしかできませんでしたから。

まだ小学生だった息子はともかく、そんな楽観論しか並べられない父親を、娘は「うちのパパって、ホントに頼りにならないなあ」と心もとなく思っていたことでしょう。

妻に続いて私も病気に!? 突然襲いかかった猛烈な片頭痛

仕事に、妻の見舞いに、てんてこまいの生活を送っていた私でしたが、幸いにも精神的にどうにかなってしまうことはありませんでした。

不謹慎かもしれませんが、当時の私は、「妻の病も対処すべき仕事の一つ」みたいな感覚で受け止めていました。ひどいヤツですねえ……。「仕事が早めに終わった、よし、次は病院だぞ」「夜の収録は○時だから、病院は×時に切りあげればいいな」といった具合に、すべて段取りで動くようにしていました。とんでもないヤツですねえ……。

そんな調子でいたせいか、妻の病気に対して必要以上に気を揉《も》んだり、悲観的になることはあまりありませんでした。生来のネガティブ気質が出ることもなく、病院通いも仕事もそれなりにがんばっていました。

ところが、今度はそんな私に異変が起こります。

猛烈な片頭痛に、たびたび襲われるようになったのです。

その頃私は、早朝や深夜の仕事があったため、自宅とは別に都内に部屋を借りていました。仮眠をとったり、ちょっと調子が悪いとき横になって休むための部屋です。

あるとき、仕事が終わってマネージャーと別れ、部屋に入って一人になると、突然目の前にギラギラギラッとあやしく光る銀色っぽい何かが見え始め、次の瞬間、頭が割れんばかりの猛烈な頭痛が始まりました。

「なんだ！　これは！」と思う間もなく、頭痛に加えて吐き気《はけ》がこみ上げ、さらに寒気《さむけ》が全身を覆いました。

不安を感じた私は、すぐさま別れたばかりのマネージャーに電話しました。痛みに耐えつつ「頭が痛くて、寒気がして吐き気もあるんだ、ちょっときてくれる？」と症状を伝えました。

駆けつけたマネージャーが「これ買って来ました！」と差し出したのが、漢方の風邪薬葛根湯《かっこんとう》。「梶原さん、風邪ですよね」と心配そうにのぞきこむ彼に「救急車頼む！」と言って、その場に蹲《うずくま》るばかり。苦しくて気持ち悪くて、死んでしまうんじゃないかというほどの激痛でした。

でも、病院に運ばれて薬を飲むと、ウソのようにおさまりました。あんなに苦しかったのは一体なんだったんだというくらい、スーッと治ってしまったのです。

念のためかつぎこまれた病院の脳神経外科で検査を受けましたが、特に異常はなし。そのまま普段通りの生活を送りましたが、この激痛はその後も時折現れては私を苦しめました。

妻孝行を怠《おこた》ってきた報いだと感じました。

銀色のパラパラが出たと思ったら、頭に激痛が走る！　痛さのあまりのたうちまわっては、鎮痛剤を飲んでやり過ごす。そんな状況がしばらくの間続きました。なぜそんな症状が現れたのか、本当の原因はわからずじまいでしたが、今思うと、やはり相当な無理がたたったのかもしれません。

本当は妻のことが心配で心配でたまらない。でも、忙しくて忙しくて、心落ち着けて病と向き合う余裕もない。そのストレスが溜まりに溜まって、猛烈な片頭痛となって体に現れた。そういうことだったんじゃないかと思うんです。

もう無茶な働き方はやめないといけない。少し立ち止まって身も心も休ませないと、今度は自分が病気になって妻に迷惑をかけてしまう。

激しい片頭痛は、私の心身が発したＳＯＳのサインだったに違いありません。

ところで、この片頭痛のことを入院中の妻にしたところ、心配されるどころか、叱られてしまいました。こんな感じで。

私「頭痛の発作なのに、マネージャーったら葛根湯のドリンクなんか私に飲ませようとしたんだよ。風邪ひいたなんて言ってないのに」

妻「頭痛や吐き気、寒気がすると言えば、誰だって風邪じゃないかと思うわよ」

私「でも、頭痛だって言ってんのに、風邪薬なんか買わないでしょ」

妻「そういうこと言うもんじゃないわよ。薬を買ってくれて、救急車まで呼んでくれたのに。ありがとうでしょ、普通は。あなた、そういうところがよくないよ」

私「……（はい）」

救急車で運ばれても同情されない、逆に自分の至らなさを叱られちゃう。

頭痛の発作は、私としては大事件だったんですけど、妻と私との間では、今となっては笑い話でしかないのです。

大病してもやりたいようにやる！　妻は根性の入った強い女性

頭を開くという重大な手術をしたにもかかわらず、入院中の妻の様子は普段とほとんど変わりませんでした。同じ病室で何人も友達を作り、明るく社交的に過ごしていました。

私がお見舞いに行くと、妻と同じく頭に包帯を巻いている「頭切り仲間」の友人たちが、「わ～、しげるさ～ん、番組観てるわよ～」なんて言って、和気藹々《わきあいあい》と私を迎え入れてくれたりして。

でも、みなさん明るく見えても、深刻な病気には違いありません。

実際同じ病室にいた6人のうち、4人はやがて個室に入り、帰らぬ人となりました。脳の病気というのは、当然ながらやはり大変なことなわけです。

ところが当の妻は、術前も術後も、さほど不安に陥っているようには見えませんでした。

歩けなくなるかもしれないし、最悪死んでしまうかもしれないというのに、そういうことを気にして塞《ふさ》ぎ込むような様子もほとんどなし。それどころか、病気になっても入院しても、「やりたいことはやる」という姿勢を変えませんでした。

例えば、脳の手術では頭髪を剃って丸刈りにするのが一般的ですが、妻はそれを拒み、必要な箇所だけ剃るようにしたいと断固として医師に申し出たそうです。

そして医師からの了承が得られると、病院の散髪屋に直談判し、「丸刈りではなく、ここをこういうふうに切ってもらいたい」「こっちは剃っても結構ですが、ここだけは残して下さい」と細かい指示まで出していました。

なぜ丸刈りがイヤなのかと聞いたら、「退院後子どもたちの保護者会に出るとき、丸刈りに帽子という格好で出席するのがイヤだから」。

「何もそんなこと今、気にしなくても」とも思いましたが、「イヤなものはイヤ」「やれる範囲で自分のやりたいようにやりたい」という妻の姿勢は、あっぱれです。「病気も手術もなんのその」という頼もしささえ感じます。

その上驚くべきことに、妻は手術入院の前日、大好きな宝塚の舞台を観に、名古屋にあった中日劇場を訪れていました。妻の最大の趣味は宝塚歌劇の観劇です。その舞台は、本来は兵庫県の宝塚大劇場で公演される予定でした。しかし阪神淡路大震災で被災したため、急遽名古屋の劇場に変更されたのです。

妻は宝塚大劇場なら訪れたことがありましたが、中日劇場は初めてです。しかも日時を指定して劇場の席を確保するのは至難の業。普通に考えたら、大きな手術の前にそんな厄介なことをしようとは思いませんよね。

ところが、妻は伝手《つて》を辿ってチケットを入手。そして当日子どもたちを学校に送り出したあと、一人新幹線に乗って初めての名古屋を訪れて舞台を観て、何食わぬ顔で帰宅して子どもたちの食事を用意して入院の準備を整え、粛々《しゅくしゅく》と入院生活に入っていったのです。

そのことを退院後に知った私は、「いやはや、この人は本当に強いなあ」と思わずにはいられませんでした。怖いものなしというか、根性が据わってるというか。

私だったら、入院を控えた前日に、見知らぬ土地に出かけて行って舞台を観て帰るなんて、とてもできない……。

ひょっとすると、妻は「自分は死ぬかもしれない。劇場に足を運ぶこともできなくなるかもしれない。それならなんとしてでも観に行かなくては。でなければ悔やんでも悔やみきれない」と思ったのかもしれません。

あるいは、私が想像も及ばないような覚悟を秘め、死ぬかもしれないし動けなくなるかもしれないという不安に、たった一人で立ち向かっていたのかもしれません。

気弱な私は、本来そういう強さにはついていけません。

私はどちらかというと、なんでも適当に、いい加減に済ませているほうが楽というタイプです。だから本音を言えば、妻が病気になる以前から、「こういう強い人と、これから先長いこと連れ添っていけるだろうか」と何度か真剣に考えることもありました。

でも、不思議なものです。

年月が経つにつれ、そういうギャップや違和感は少しずつ薄れてきました。

今となっては、そんなものがあったことなんか忘れて、相手の存在そのものに愛おしさを募《つの》らせていると言ってもいいかもしれません。

時間とともに激しかったものが穏やかになり、落ち着くところに落ち着いていった。

余計な緊張感やいいところを見せたいという見栄がなくなり、相手を丸ごと受け入れ愛するという心境にようやく辿り着いた……ということでしょうか。

結果として、妻の病は夫婦関係を見つめ直すきっかけになりました。

離れていた二人の距離を、精神的にも物理的にも、グッと近づけることになりました。

深刻な病がきっかけで夫婦の仲を取り戻すなんて、もう情けないにもほどがあるって感じですが、何も気づかず形だけの夫婦を続けるより、考えようによっちゃずっとよかったかもしれない。いや、病気は絶対よくないけれど……。

私はこれ以後、仕事仕事の人生から、少しずつ生き方を変え、妻に寄り添う人生を歩み始めることになります。

第3章
妻がどんどん好きになる

退院直後は快復すれど、病は確実に進行して

退院後、妻の容態はそれなりに落ち着きました。ひどい頭痛や肩凝りも軽減され、徐々に日常生活を取り戻していきました。

定期的に通院しなければなりませんでしたが、手術のおかげでひどい症状は収まり、しばらくは何事もなかったかのように、家事や子どもたちの世話に精を出していました。

一方私の仕事のほうも、妻が退院した頃を境に、だんだん落ち着きを見せ始めました。仕事が減ることには不安もありましたが、妻の病気を思えば、ちょうどよかったと言えなくもありません。

私は「忙しさが和《やわ》らいだのは天の計《はか》らい」と捉え、妻と一緒に過ごす時間を増

やしていきました。通院に付き添ったり、一緒にテレビを観たり、食事に出かけたり、映画を観に行ったり、ときには東京宝塚劇場まで出かけたり……。

大きな嵐が過ぎ去って、ようやく平穏が戻ってきたかのような、そんな日々を過ごしていました。

でも、手術から数年も経たないうちに、妻はふたたび体調を崩します。頭痛や体の痛みだけでなく、ふつうに歩くことがしんどくなったのです。

病の進行につれて体の側弯《そくわん》が進んだことも一因のようです。それに伴い、体のさまざまな部分に負担がかかり、肩凝りや頭痛が引き起こされるのですが、今度はそれらに加えて歩行にも支障が出始めたのです。

それでも妻は気丈に、明るく元気に振る舞っていましたが、状況は緩やかに悪化し、歩くより負担が少ないからと常用していた自転車に乗って、なんと転倒するという事態も発生しました。

あるとき、そんな状態の妻を心配した私が、キャスターのついた歩行器具のパンフレットを見ていたのを妻に知られ、激怒《げきど》されてしまいます。

「私はまだまだそんな年じゃないわ!!」

気丈にふるまう妻の面子を潰した私は大いに反省しました。

これも反省というか、妻への負い目の一つが、妻と結婚したときの約束を果たせていないことでした。

新婚旅行にはシンガポール、マレーシア、タイ、香港と、欲張ったスケジュールで東南アジア諸国を巡りました。私はアジアの街の雑然としたカオスが大好きで、若い頃はあちこち出かけていました。「旅慣れた私」を妻にアピールしたいという気持ちも多分にありました。

一方妻は、憧れのヨーロッパのシックな街並みとは真逆の騒々しさにあぜんとした様子でしたが、すぐなじんでくれました（くれたように見えました）。最終帰港地の香港では、本書にも登場した、私と妻のデートにいつも同行してくれた放送作家氏が待ち受けて、3人で旅のフィナーレを大いに楽しみました。

この夜、私が妻に決意表明したのが「今後毎年、少なくとも年に一回海外旅行に一緒にいきましょう」でした……が、その約束は今に至るまでほぼ果たされていません……妻よ、ゴメンなさい……。

妻はかねてより、ヨーロッパに赴《おもむ》き、ハプスブルク家の足跡を訪ね、石畳の坂道をゆったりと歩き回ってみたいと言っていました。しかし、彼女の大好きな宝塚歌劇の舞台にしばしば登場する地への憧れは、果たされぬままになっています。

近い将来、現地で車を貸し切って、妻にヨーロッパの古い街並みを堪能させてあげたいというのが私の夢です。

テレビではシニア世代の夫婦が、楽しく海外を旅するシーンを目にすることがありますが、妻が元気なうちに私たちも、という夢を抱きながら、夫婦二人でテレビ画面に見入ることがしばしばです。

私「行けるかな」

妻「行けるわよ、お金さえあれば」

私「ハハハ……お金ねえ、お金さえあれば行けるよね」

体のことなど一切気にかけず、前向きに、ポジティブに生きる妻は本当に強い女性です。

ひょっとすると、妻が泣き言一つ言わないのは、強いからというより、論理的だからかもしれません。

できることはとことん楽しむ。できないとわかったら、グズグズしないで次を考える。弱音を吐いたり泣き言を言ってみても始まらない、言ってみたところでなんの解決にもならない。

大手術を前に怖いだの不安だのと一切言わなかったのも、論理的なものの考え方をするがゆえかもしれません。

そんな妻にならって、私も未練がましいグチをこぼすのはやめにしました。本当は「力になれなくて悪かったね」「ごめんね」って、これまでの至らなさを詫びたい気持ちも多々あったんですが、言いませんでした。

そんなこと言われても、妻の気が重くなるだけ。だからあれこれ言うのはやめにして、どうしたら彼女が楽でいられるかを考えて、日々を過ごしていくことにしました。

手を握り、寄り添って歩くと、気持ちが通じ合ってくる

でも、不思議なもので、妻を見守るうち、別の思いも生まれました。病気はイヤだけど、悪いことばかりじゃないなって。

妻はサッサカ歩くことはできません。一歩一歩かみしめるように歩きます。自然と私がサポートすることが多くなります。

妻が歩こうとしたら、妻の横にサッと寄り添って、手をしっかりと握って、彼女の歩調に合わせて、ゆっくりと歩いて。

そういう行為を毎日繰り返していると、なんだか気持ちまで通じ合ってくるような気がするんです。

よく「手と手をつなげると心もつながる」なんて言います。「ハンドインハン

ド」とは手に手をとって力を合わせるという意味ですものね。身体的に接している時間が増えれば増えるほど、心まで近くなっていくっていうのかな。

実際手をとり合えば体温が伝わってきますし、まさに同じ目の前の空気を吸うことにもなりますよね。するとどんどん愛着がわくというか、愛しさが増すというか、「大事な人だな」という思いが募ってくるような気がするんです。

特に最近は、歩くのがおぼつかなくなることもあり、転ばないよう手もギュッと強く握って、体もしっかりと支えますでしょ。だからですかね、妻に対する愛情も、ますます強くなってくるように思えるんです。

「いい年して、何のろけてんの」って、笑われちゃうかもしれませんけど。

それにしても、この年になってこんなに妻と触れ合うことができるとは、自分でもビックリです。私たちは以前よりずっと仲良しになりました。こんなに手を握り合うことなんて、若い頃にはありませんでしたもんねえ。

そうそう、最初にも言いましたように、私は引っ込み思案でビビリですから、妻とのデートではろくに手も握れませんでした。人前で手をつないだりするなんて、恥ずかしくてとてもできなかった（本当はしたかったです）。

でも、今なら堂々と手も握れますし腕も組めます。肩にも手を回せます。人にジロジロ見られようが、お構いなしでイチャつけます。いや、イチャついてるんではなくて、実際手を握って支えないと、二人よろけて転んじゃう恐れもあるからです。

で、思ったように歩けないと、普通は出かけるのをためらいそうなもんですが、妻はガンガン出かけちゃう。「夫に支えられて歩く姿を人に見られたくない」なんてまったく思わないらしく、積極的に出歩こうと外出意欲は満々です。

そういう前向きな態度に、私は妻に惚れ直してしまうのです。

以来、妻のお供でお出かけするのが、とても楽しいひとときとなりました。外出するときに妻と手を握ったり腕を組んだりすると、妻の体温を感じて、「ああ、夫婦なんだな」って、ほのぼのした気持ちになれますから。

もうまさにタイトル通り、「妻がどんどん好きになる」。

こんなこと妻に言ったら、「はぁ？　何言ってんの？」で終わりでしょうけど、私自身はつくづく幸せなことだなあって思います。

私は妻を支える「足」になる！

足が思ったように動かなくとも、妻はガンガン外出すると言いましたけど、表を出歩くに際して、一つ大変苦労したことがあります。「妻が履ける靴がなかなか見つからない」ということです。

体の歪みが悪化するにつれて、左右の足の大きさも変わってしまったからです。外反母趾が、特に右の足の歪みが大きくなって、普通に売っている靴が履けなくなってしまったんです。

かかりつけの先生に相談すると、足の悩みを抱える人向けに靴の中じきを作ってくれる整形外科を紹介して下さいました。私と妻はさっそくそのクリニックを訪ね、靴の中じきを作ってもらうことにしました。

まずねん土のようなものの上に立ち、足型をとって足を支える中じきを作るのですが、実際に型をとってみると、右と左でサイズが大きく違う。これだけ違っていたら、バランスをとって歩くのはさぞかし大変だったに違いありません。私はその足型を見て、妻の大変さをつくづく思い知らされました。

そうやって2週間ほどかけて出来上がったものを実際に装着したものの、残念ながら、足を支える中じきは妻の足にはジャストフィットというわけにはいきませんでした。精巧に作られたものだけに、ごくわずかな違和感が気になって、次の一歩がうまく踏み出せない状態になってしまったのです。

「これで解決する」と期待していただけに、私は少々ガッカリしてしまいました。

もちろん妻は私以上に失望したはずですが、そんなことはおくびにも出しません。

「履き慣れたこの靴でしばらくやってみるから大丈夫よ!」

彼女は持っている中でも特に幅の広いペッタンコの靴に足を入れ、笑顔で病院をあとにしました。

若い頃の妻は、猫背気味の私と違って姿勢が良く、高めのヒールを履きこなしさっそうと歩く姿はなかなかのものでした。

「靴問題をなんとかしてあげたいなあ……」と、私は一人で街を歩くときも靴屋さんを見かけると婦人靴のコーナーに入り、「これなら履けるか？　無理かな……」とチェックするのが習慣となりました。

女性ものの靴を物色する私を「あやしい男だ」と思う人がいたかもしれません。

快適な移動のため、車を買い換える

2年ほど前に、それまで乗っていたＢＭＷからダイハツの軽自動車に乗り換えることにしました。妻とちょこちょこ出かけるには、小回りのきく軽がベストだと考えたからです。

私は信じられないくらい車の運転が下手クソで、1台分の駐車スペースしかないところには車庫入れできない、立体駐車場は絶対無理、狭い道で対向車が来るとうまくかわせないなど、散々な運転ぶりのせいで、妻は私の車に乗るのを拒むほどでした。

とはいえ妻の状況を考えれば、スーパーマーケットや病院やリハビリなど、車で送り迎えできるに越したことはありません。

車検でＢＭＷを車屋さんに出したとき、代車として我が家に軽自動車が届きました。グッと小ぶりの車体は思った以上に快適で、狭い道もラ～クラク。駐車もなんと一発ＯＫ。これなら妻に迷惑をかけることなくどこへでもスイスイです！　車の運転を始めて半世紀、生まれて初めて「車の運転って面白い！」と感動し、即、購入を決めました。

「軽なの？　何だかゲタみたいな形ね」と、辛口の妻は最初は浮かない表情でしたが、助手席のドアが90度開くミラクルオープンドアで、後部座席も楽々乗り込めると、軽の利点を認めざるを得なくなった（……ようです）。

今や軽自動車が、妻の、そして私の足代わり。細い道でもスルスル！　かかりつけの先生のところ、痛みをとってもらうペインクリニック、整形外科、マッサージをしてくれる整骨院、ああそれと、カーブスというシニア女性のためのジムにも通っています。

ジムでは手足の力をつけるために、押したり引っ張ったり、無理のない範囲で汗をかいてきますが、妻はここでも友人がいるようで、一通りマシンをやり終えたあと、仲間とおしゃべりを楽しんで車に戻ってきます。

その間私は、近所のパーキングに車を止めて、喫茶店でコーヒーを飲んで新聞を読んで、大人しく妻の帰りを待つ。治療やリハビリを終えて清々《すがすが》しい表情で戻ってくる妻との再会は何よりの喜びで、「わー、まりちゃん、ハツラツとしてるね！　身体を動かしたあとは気分いいでしょ!?」と声をかけます。

また、買い物のときは私も一緒にカートを押したり野菜やら何やらを取ってカゴに入れる手伝いをするのですが、これにも知恵と技がいるんですよね。妻の采配がテキパキと素早くてたまげました。

たぶん、「今日はあれを作るからこれを買う」とか「あれが足りないから買っておこう」というのを、その場で即座に考えるんでしょう。計画力と実行力がすごい。「はい、そこのナスとって」「次はレンコンね」と、どんどん指示を出して私をアゴで使う頼もしさに惚れ直したりします。

こんなことを言ったら、女性読者の方から「何を今さら」と呆れられてしまいそうですが、毎日の買い物のなんたるかを知らなかった私にとっては、何もかもが新鮮に感じられるのです。

まぁ周りの人から見たら、ただのシニア夫婦の買い物です。どこにでもある、他愛もない日常の一コマでしかありません。

でも、妻の手足となって、言われるがままに食材や日用品を選び、荷物運びに徹する日々は、私にとってはこの上もなく幸せな時間なのです。

「できないこと」があるから、二人の間に絆が生まれる

妻へのサポートは、出かけるときだけとは限りません。

例えば、妻の側弯が進み、背が縮むにつれて、キッチンの棚の高いところにあるものが取れなくなったりします。

はじめのうち、私はそのことに気づかず、「アレ？　まりちゃん（妻の名前）、どうしたの？」なんて言っていました。ほんと無神経なオヤジです。ゴメン……。

それ以後、私はごくさりげなく妻に代わって高いところにあるものを取り、して欲しいと思っていることを察知してさっとやる……なあんて言っても、実際は妻に「これやって」「あれ取って」と言われて、そそくさと動くということのほうが多かったんですが。

でも、こういうのを繰り返していると、だんだんコミュニケーションが深まるような気がします。ものを取ったのをきっかけに、そこから会話が生まれるんですね。

例えば、棚の上の塩を取ったら、

私「あ、もうお塩がなくなりそうだね」
妻「そうね、買いに行かなくちゃ」
私「そう言えばお醬油も切れてたよね」
妻「しげるさん、お醬油使いすぎるから。塩分控えないとね！」
私「確かに。でも、私は味が濃いのが好きだからなあ」
妻「そんなことより、健康が第一でしょ」

……みたいな感じで。

些細《ささい》なことですけど、このやりとりが私としては結構楽しいんです。妻をサポートして、会話も生まれて、関係性もちょっとずつ密になって。こういう場面が増えれば増えるほど、二人の気持ちも更に近づくような気がするんです。

とはいえできないことが増えることを望む人などいないはずです。いつまでも健康で、若い頃のようになんでもできたほうがいいって、誰しもそう思うことでしょう。

でも、実際に私たち夫婦のような経験をすると、不自由さも案外悪いばかりじゃないなと感じます。助け合えて、コミュニケーションが生まれて、互いに気遣う気持ちが強くなったら、むしろそれは豊かなことなんじゃないかとさえ思えてきます。

今の私たちは、少なくとも私は、以前より妻を思いやる気持ちが日増しに強まっています。いや、思いやるというより妻のことがどんどん好きになってくるんです。こんなことをぬけぬけと言うと鼻白む人も少なくないと思いますが、本当だから仕方ありません。

最近は妻の手を引くとき、手に触れた感触だけで「今日は妻の調子が良さそうだ！」とか「辛《つら》そうだな……」というのがわかるようになりました。言葉にしなくとも、握った手や支えた肩の感じから、体や心の状態がいいのか悪いのか、それとなく感じ取れるようになりました。

もちろん、私のほうだけが一方的に支えているわけでは全くありません。精神的には私が支えられていることのほうがずっとずっと多いのが実情です。

夫婦の間をつないでくれた、かけがえのない愛犬ルル

私たち夫婦のつながりを、より強くしてくれた存在がいます。

20年前、目黒の家に引っ越したあとにやってきた、トイプードルのルルです。

この頃はもう子どもたちも手がかからなくなっていたこともあり、その分妻はルルに愛情を注ぎました。今よりずっと元気だった妻は、ルルを朝夕2回散歩に連れていき、こまめにブラシやシャンプーをして、労を惜しまず愛情を注いでいました。

家にワンコがいるというのはいいものです。ルルが来てからというもの、我が家はとても明るくなりました。妻の病のことも一時忘れて、話題の中心は圧倒的にルルになりました。

よく「愛犬は家族」と言いますが、犬バカの我が家ではルルは家族以上の存在で、我が家のヒエラルキーでは頂点は相変わらず我が家の賢人ママ（妻）、ルルはいきなり2番手！　息子と娘と続いて、やっぱり最下位は私でしたが……。

ルルという名前は、妻が好きな宝塚の作品『エリザベート』に登場する高貴なオーストリアの皇太子ルドルフから勝手にいただき、その愛称でルルと呼ぶことを妻が決め、家族全員が即座に賛成。その日からシルバーのちっちゃなトイプードルはルルちゃんと呼ばれることになりました。

ただ、ルルにはてんかんの持病がありました。年に何度か発作を起こし、ときには七転八倒して苦しみ、妻はそのたびにルルをかついで病院に駆け込んでいました。妻が今より若くずっと元気だった頃の話ですね。

そしてある日……。

ルルを抱きかかえて病院へ向かう妻の姿を犬友のママさんが見ていたと、あとでご本人からお聞きしました。

まなじりを決する表情で、布で覆ったルルの体を両手で差し出すようにかかえ持ち、脇目もふらず小走りで進む妻のただならぬ表情に気圧《けお》されたと言います。

このママ友は「大丈夫？　どうしたの？」など言葉は一切かけず妻と併走。病院の玄関に着くなり、だまってドアを大きく開けて下さったと、病院の方が後におっしゃいました。

「どうしたの？　大丈夫？」と声をかけるより、一刻でも早くルルをドクターの元に連れていくことを最優先にしてくれた犬友ママさんの心遣いには感謝の言葉もありません。

こうしてルルは13歳で天に召されました。

私がルルの死を知ったのは昼の12時すぎ。自販機のコーヒーを飲んでいた私の携帯電話が鳴り、見れば妻からの電話でした。

妻「今、大丈夫?」
私「うん、何?」
妻「ルルちゃん、死んじゃった（泣き声）」
私「えーーー!」

妻「私は大丈夫だから、仕事はちゃんとやって下さいね、じゃあ、あとで……」

妻の言いつけを無視して、私は家に直行しました。

帰宅すると妻は、真っ白なトルコキキョウに囲まれ横たわるルルの横にポツンと一人座っていました。

「ルルちゃん、がんばったねえ……ママ大変だったね……ママ、ありがとう……」

それ以外に言うべき言葉が見つかりませんでした。

いつもは私が帰宅し2階のリビングに上がると、すかさずルルが近づいてきて、「遊んで～」とくわえたお気に入りのボールをキューキュー言わせながらじゃれついてきます。

ルルの年齢は13歳。人間に換算すると60代後半とも言われますが、妻と私にとってはいつまでもいつまでも、かわいいやんちゃ坊主のルルちゃんでした。

必死で涙をこらえる私を尻目に、妻は淡々とルルを弔《とむら》う手続きや準備を進めています。

あんなに可愛がっていたからさぞや取り乱すのではないかとの心配は全くなさそうです。

ルルのリードや散歩バッグ、お洋服やレインコートなどの整理を粛々ととり行なっていたのです。

「ママは強いなあ……」

メソメソしている自分が、情けなくなってしまいました。

夫婦円満の秘訣は「共通の趣味を持つ」「妻の好きなものをけなさない」

愛犬ルルのほかに、もう一つ、私たちの絆《きづな》を深めてくれたものがあります。それは宝塚。「妻が宝塚好き」という話は何度かしましたが、じつは、私自身も一時宝塚にハマったことがありました。宝塚は夫婦共通の趣味とも言えます。

私はともかく、妻の宝塚愛は筋金入りです。前章でお話ししたように、入院前日にもかかわらず名古屋まで出かけ、日帰りで舞台を観て帰ってくるくらいですから。妻の闘病の精神的な支柱となった一つは、宝塚だと言っても過言ではありません（残念ながら私じゃないのです）。

ヅカファンにはめずらしくありませんが、妻も宝塚のこととなったら目の色も変わりますし、性格も変わっちゃいます。以前妻と街中を歩いていたとき、元宝塚の超人気トップスター柚希礼音《ゆずきれおん》さんを偶然お見かけしました。妻は大胆にもいきなり近づいて、「こんにちは、柚希さん、私大ファンでーす！」って、まあ図々しくも声をかけたんです。声をかけられた柚希さんはビックリされてましたが、となりにいた私はもっとビックリ。普段はクールな妻が、ハイテンションでいきなり宝塚の元トップスターに話しかけちゃうなんて、「なんとまあ厚かましいなあ……」と呆れたこともありました。ま、こういうすっとんきょうで向こう見ずなところも、私は嫌いではないのですが……ちょっと恥ずかしかったなあ……。

彼女は退院後も友達と、時々私と舞台を観に行っていましたが、それだけでは足りなくて、我が家ではスカパーの宝塚歌劇専門チャンネルに加入して、家中に歌劇の歌声が響きわたっているという状態です。同じくヅカファンの私が夫でよかったなあと思うことがありますね。

スカパーを見ながら最新のヅカ情報や懐かしい宝塚の思い出について、夫婦で語り合ったりもしています。例えばこんな感じで。

私「この歌、いいね。作曲は誰だっけ？」

妻「寺田瀧雄《てらたたきお》先生よ」

私「作詞は植田紳爾《しんじ》先生か、やっぱりいいね。『愛あればこそ』、『ベルばら』の名曲だよね」

妻「私は『風と共に去りぬ』の『さよならは夕映えの中で』が好きだな。そういえばしげるさんと観に行ったわね。麻実《あさみ》れいさんのレット・バトラーがカッコよかった」

私「歌唱力という点では、私は峰さを理さんもいいな。『我が愛は山の彼方に』は何度観ても泣ける。お亡くなりになってしまって寂しいよね。あ、それと専科にいた轟悠《とどろきゆう》さんが退団するらしいね」

妻「イシ様（轟悠さんの愛称）が辞めちゃうなんて信じられない。あの人は男役の中の男役ですものねえ」

……何やらマニアックな会話で、申し訳ありません。でもマニアックでもマイナーでも、こうやって夫婦で好きなものについて取り止めのない会話を交わし合う、悪くないと思いませんか？

宝塚の魅力を理解しない、特に男性陣は、「どうしてこんなくだらないものに入れ込むんだ?」って思うかもしれません。男装とか独特のお化粧とか、違和感を持つ方もいらっしゃるでしょう。

でも、いくら「??」と思っても、妻の好きなものをけなしちゃいけません。夢中になっているものに、水を差すようなことを言っちゃダメです。

たとえ理解できなくても、全然興味を持てなくても、妻が好んで観たりやったりしていることは、何を置いても、まずは肯定的に受け止めて、努めて関心を持ってみるのが大事なんです。ましてやうわべだけ見て否定したり、批判的なことを言うのはご法度《はっと》と胸に刻みましょう。

私も一度だけ、舞台を観ている妻の横で、「この娘役、歌がイマイチだね……」と少し批判的なことを言ったことがあります。ほんの一言口にしただけのつもりでしたが、観ていた妻はえらく機嫌を損ね、普段あまり怒ったりしないのに、そのときは少し声を荒げて怒ったのです。

それ以来、私は余計な批評をするのはやめました。妻が観ているものに対しては、すべて「いいね」「面白いね」しか言わないようにしました。そのおかげか、今じゃすっかり、宝塚鑑賞は夫婦円満を楽しむ貴重な時間になりました。

みなさんも夫婦円満を目指すなら、「妻の好きなものをけなすのは、妻をけなすのと同じこと」と心得て、いっそ妻とともに「推し」を楽しむか、妻の「推し」に「いいね！」ができる人になることをオススメします。

最初は妻に振り向いてもらいたい「下心の宝塚」だったけれど

「妻の好きなものを好きになれ」みたいなことを、エラそうに言いましたけど、じつを言うと、私も最初は宝塚に対しては「？・？・？」でした。

そんな私が、なぜ宝塚を好きになったのか。

きっかけはラジオの仕事で「宝塚特集」を担当したこと。兵庫にある宝塚大劇場に行って、実際に舞台を観て、あの圧倒的な迫力にハートを打ち抜かれてしまったのです。

「公私混同」と言われるかもしれませんが、このときは妻同伴で出かけました（妻の分のお金はキッチリ私が払いましたが……ね、念のため）。妻はいつになく大はしゃぎで、終始機嫌よく、公演を観終わったあとも、自分が好きな演目やスターについて私にいろいろ話してくれました。

このとき、おそらく私は直感したんですね。

「ヅカファンになれば、妻ともっと仲良くなれるかもしれない」「宝塚は妻を振り向かせる武器になるぞ」って。

まあ要するに、妻に近づきたくて、共通の話題を増やしたくて、宝塚を好きになったとも言えます（文化放送の今村君〈担当〉、ありがとう!!）。「妻の好きなものを好きになりたい」と、心の中でそう思ったんでしょうね。

舞台を観て宝塚の面白さに目覚めたのは事実ですけど、大本はやっぱり妻、妻が好きなものだから私も好きになった。言ってみれば、最初はちょっとした「下心の宝塚」だったわけです。

とは言うものの、宝塚の舞台はまあ、なんとも圧巻です。あれだけの大きな舞台で、100人近い群舞を生で観られるというのは、なかなかありません。

華やかな衣装を身につけた大勢の踊り子が、一気にパアーっと出てきて、端から端まで全員笑顔で、ダイナミックなラインダンスを披露する。これはとんでもなく見応えがあります。

また、宝塚というのは、将棋の駒のように序列がハッキリしています。王がいて、飛車がいて、角がいて、歩がいて……という感じで、厳然とした秩序があるっていうんでしょうか。

しかもその秩序は、いつも一定というわけではありません。この前まで王のポジションにいた人がいなくなり、そこに突然別の人が立ったり。年を経るごとに若返って、気づいたらほとんど若手ばかりになっていたり。

要するに宝塚は、「次は一体誰がそのポジションに来るのか」「自分の推しはどこまで出世できるのか」と、サラリーマンが会社の人事を予測するような楽しみ方もできるわけです。

私もよく妻と一緒に、「誰が出世した」「誰がどのポジションについた」という話題に花を咲かせます。

もちろん誰がどのポジションにつこうと、舞台のクオリティは変わりませんが、舞台の素晴らしさとはまた別に、「推していた人が出世してトップスターになった！」とか「この人が絶対トップになるだろうと思っていたのに、退団してしまった」など、自分の思い入れを反映した人間模様も楽しめるのです。

どうですか？　そういう楽しみ方もあると思うと、男性のみなさんもちょっと宝塚に興味がわいてきませんか？

ちなみに、妻の今の「推し」は、月組の月城《つきしろ》かなとさん。

以前は真琴《まこと》つばささん、瀬奈《せな》じゅんさん、春野寿美礼《すみれ》さんが好きだったようですが、妻としては、「今現在宝塚で最も輝いている人が一番好き」とのこと。

退団してしまったスターにいつまでも執着せず、今まさに舞台で光り輝くスターを追いかける。妻らしい宝塚哲学かもしれないですね。

相手を本当に好きになると、劣化も老化も愛おしくなる

妻は大病を経験したせいで、人より弱った部分をかかえています。

一人でサッサカ歩けませんし、車に乗るのも「ヨッコラショ」です。宝塚の舞台を観るとき、舞台から10席以上離れた席でないと首が痛むという難点をかかえています（11席以降はチケットの値段が安くなるメリットもありますが！）。

さらに、先の細い靴やヒールの高い靴は履けません。前述の通り、側弯の進行とともに外反母趾がきつくなっているからです。おしゃれなジャケットやスカート姿なのに歩く距離が長い場合は、靴は幅広のスポーツシューズ風ということになります。

はたから見たら「あれ？」と思われるかもしれませんが、本人は常に堂々とし

ているのが私はカッコイイなあと思っています。そう、妻はどこで誰に会っても堂々としているところが私は大好きです。

手術以降、妻との時間が確実に増えています。おかげで愛情はどんどん深まっています。劣化しようが老化しようが、すべてが愛おしくて仕方ありません。

そりゃ、「ああ、昔の妻は綺麗だったな」と思うことはあります。

前にも述べましたが、かつての妻は、背筋がピンと伸びて、スラッと姿勢がよくて、ハイヒールがとてもよく似合っていました。そんな妻の容姿に惚れて一緒になった部分もあったでしょう。

だから、街中でかつての妻のようにハイヒールの似合う女性を見ると、「うちのカミさんだって、若い頃は君に負けないくらい綺麗だったんだから」って言ってやりたくなります。

だけど、そんなのは一瞬です。今では姿勢のいい美しい人を見ても「別にぃ?」という感じです。そうじゃなくなってしまった今の妻、年を経て自然に変わっていった妻の姿が、一番綺麗だなって思います。これは本当のことです。

今はアンチエイジングとか老化防止とか、まるで老いることが悪いこと、怖いことのように言われがちですが、人間が衰えるのはごくごく自然なこと。老化も劣化も当たり前のこと。その変化を受け入れられないというのは、不幸なことなんじゃないでしょうか。

妻をサポートするようになって初めてわかりましたが、相手のことを心から思いやれると、その変化も好きになれます。その変化が好きだと思えることが、本当の「好き」なんじゃないかなって思います。

もちろん、若さや美しさを保つ努力を否定するものではありません。努力は大切です!「夫が自分のここが好きだと言ってくれたから」「妻がここが素敵だって褒めてくれたから」、だからがんばって自分を磨くのはとても大事なことだと思います。

とはいえ、現実を見れば、年を取ったら体のいろいろなところが衰えていくわけですから、衰えて失っていく嫌なところばかり探さないで、年を取ったからこそ素敵になったと、よくなったところを見つける「いいところ探し」に精を出したらどうでしょう。お互いにいいところを見つけ合うゲーム、楽しいですよ！

「ここが悪い」「あそこがダメ」と引き算ではなく、少しでもいいところを探して、「こういいいところがあったね」って足し算していく。

それが夫婦で笑い合って過ごせる秘訣なんじゃないでしょうか。

できないことが増える、それは夫婦の絆を取り戻す絶好のチャンス

70代ともなると、いろいろできないことが増えますよね。

ワクチン接種のための予約をラインでやる、なんてのに丸2日かかっちゃいました。デジタルがてんでダメですね。読めるけど書けない漢字が増えますね……。

物忘れも進むし、目も悪くなるし、歩くのも遅くなるし、動作もまごつくし。

私も70歳になりましたけど、できないことがホント増えました。

吉野家の牛丼の大盛りが食べられなくなったのにはショックを受けました。

電車にすべり込みセーフだったものが「アウト」の確率が増えましたね。

トイレに立って用を足すとき、後ろで人が待っているのになかなかスーッと出なくて慌てたりしますねえ……って女性にはわかんないかな……?

「妻を支えるんだ！」なんて大口叩いておきながら、自分のほうが先にダメになっちゃうことだってあるかもわかりません。いや、その確率のほうが高いんじゃないかな。

でも、年をとって何かができなくなっていくというのも、人生のプロセスの一つですよね。考えようによっちゃ、味わえる人生のプロセスが一つ増えた、楽しみがまた一つ増えたってことですかね。よく言えば、ですが……。

年をとるというのは、悪いことばかりみたいな印象がありますが、本当にそうでしょうか？

動作も理解も遅くなって、年寄り扱いされて、世間から置いてけぼりにされて。物事がサッサとできないって、寂しいし悔しいし、辛いこともあるかもしれません。

だけど、なんでもサッサカできりゃいいってもんじゃない。サッサカ歩くのがしんどくなった妻と接し、助け合って暮らしていると、しみじみそう思うんです。もたついても、まごまごしても、遠回りしても、そのぶん二人で味わえる時間が増えるんだから、それって楽しいことなんじゃないのかなって。

60〜70代というのは、夫婦を生まれ変わらせるチャンスだという人もいます。50代はまだまだ現役バリバリ！　気力も体力もあるから、「できないこと」を痛感する機会はそうはないでしょう。夫婦がお互いに補い合う必要性も、あまり感じられませんよね。

それに比べたら、60〜70代はできないことがどんどん増える。助け合わないとやっていけない場面も多くなる。手に手を取って支え合う。たとえ話ではなく実際にそうなれば、互いの温もりを感じ合える。これこそ夫婦の仲を深める千載一遇のチャンスじゃないでしょうか。そう、我が夫婦のように！

この年齢になると、一般的には仕事も収入も減って、経済的な不安も増してきます。経済的な不安が増すと、精神的にも不安定になりがちです。これを乗り越えるには、やっぱり夫婦の絆を強くするに限ります。

多少お金がなくても、二人で仲良く暮らせたら、充実した時間はいくらでも作れます。豪華な外食ができなくたって、海外旅行に行けなくたって、楽しいことはいくらだって見つかります。我が家の楽しみは軽自動車で巡る病院、リハビリ、マッサージの旅です。

お金はあるにこしたことはないです。でも、お金があるから助け合わない、すべてをお金で片付けるとは、極めてうらやましい話ではありますが、それって楽しいんでしょうかね?

お金が余ったから豪華客船の旅へでも行くしかないか、と出かけた夫婦がみんな楽しそうかと言えば、そうでもないかもしれませんねって、これ貧乏人のひがみですよ……。だけど、ヒマだから豪華客船に乗って海外でも行くか……なんていうのは「なんだかなぁ」って思いません？

仲良く出かけられるならいいですけど、さして仲良くもないのに、豪華客船に乗るしかなくなっちゃって、追い込まれて夫婦で海外周遊……なんていう晩年は、やっぱり空しいんじゃないですかね。

夫が口に出し始めた「最近、ウチのカミさんがどんどん好きになるんだ」

リクルートブライダル総研の調査を元に東洋経済が作成した「年代別夫婦満足度」によれば、20代が78・5%と、各世代の中で最も高くなっています。恋愛をして結婚して夫婦になって、一番幸せを感じやすい世代が「夫婦関係に最も満足」というのは十分納得です。

ところが30~50代にこの満足度が右肩下がりとなります。「鮮度」が下がると「不満が増す」のはいたしかたないのかなと思って改めてグラフを見ると、なんと60代で満足度の指標がグイ~ンと右肩上がりのようなのです。

このグラフ、まるで我が家をモデルに作られた気さえしました。60代70代の友人にこの話をすると、「うちも同じだ！」との声があちこちから聞こえてきます。かつては「女房と畳は新しいほうがいい」とほざく人もいたようですが、そんな人は今やごく少数派にすぎないようです。

私と同年代の友人は若い頃から旅好きで、妻を誘っては外国旅行に出かけていたそうですが、その頃は旅がケンカの元になることのほうが多かったという意外な話をしてくれました。

彼は子育ても一段落した50代の頃、古代文明に興味を持って、旅先といえば南米、モロッコなど。遺跡を見ては興奮して大騒ぎする彼に、妻はついていけず、うんざりしていることに気づかぬままだったようです。

妻は目の前に広がるお花畑や街をかけ回る子どもたちなど、日常の姿を見ることが好きだったのに、そのことにさえ気づかず、どんどん奥地に進むような自分勝手な旅のスタイルに愛想を尽かし「旅行なら一人で行って下さい！」と告げたそうです。

実際一人で旅をしてみると、思い出すのは妻のことばかり。

「こういう景色なら喜んでくれたんだろうなあ……こんなふうにゆっくりホテルのラウンジで一緒にくつろげたらよかったんだな……もっと話を聞けばよかったのに……」

一人旅をして妻への申し訳なさとともに、妻への思いがいよいよ募ったのだそうです。

古希を迎えた友人夫婦は、今は専ら東京近郊の「小さな旅」を満喫し、夫婦間の愛情はこれまでの人生でＭＡＸに盛り上がっているようです。

「うちのカミさんのことがどんどん好きになってねえ、最高だよ！」

これが今の彼の口グセです。

70代はこういう人生が待っています。

みなさまもどうぞお楽しみに。

妻のことを「まりちゃん」と呼んでます……

結婚当初は「まり子さん」、子どもが生まれて以降は「ママ」、この10年ほどは「ママ〜」にプラスして「まりちゃん」と呼ぶことが増えてきました。「ママー」は私にとっては一般的、普通の呼称、「まりちゃ〜ん」は「好きだよ〜」という親愛の情を込めるときに使っているようです。ようです、と頼りない言い方をするのは、客観的な線引きなどないからです。

「冷蔵庫に入れておいた羊羹《ようかん》食べたでしょ」と妻を責めるときはママ、「ゴメン、羊羹さっき食べちゃった」と謝罪するときは「まりちゃん」と、まあそんなところです。

実はこれ、だいぶ前に亡くなった父親の「やり口」で、普段は「お母さん」、機嫌を取るときは「きよちゃん」、人前では「きよ子」と使い分けているのを見て学習したというわけです。

あなたのところは妻をなんと呼んでいますか？　それにはどんな魂胆がありますか？

前章でお話ししたように、私と妻はすれ違ってしまった時期がありました。

のんびり屋で気が弱い私と、しっかり者で気の強い妻。

世間の常識もよく知らない青臭い私と、それをちょっと上から目線で見ているように感じた大人の妻。

なんでも好きなようにやっちゃう私と、文句も言わず淡々と受け止める妻。

一般的には相性抜群とはいえないかもしれません。

だけど、それでも長い時間を共にし、今ここまでやって来ることができた。そ

れは、傲慢な言い方かもしれませんが、どんなギャンブルに勝つよりすごいこと
じゃないかと思うんです。

やっぱり、そのことに感謝しなくちゃ。ものすごい幸運を射止めた（？）んだ
から、それを大事に温めて、これから先も夫婦仲良く生きていかなきゃ。

健康もお金も大事だけれど、夫婦仲がいいに勝る喜びはない。

老後幸せになれるか否かは、この夫婦仲をいかに深め守っていけるかにかかっ
ている。私はそう思っています。

第4章

夫、アナウンサー、そしてカウンセラーとして

50代からの人生を変えた「運命の本」との出会い

忙しさのピークがあっという間に落ち着いて、私生活に目を向ける余裕が出て来た頃になると、必然的に現実と向き合わざるを得ない状況となります。

子どもの学校は続けさせられるのか？　家のローンも返していけるのか？　陽気な仮面の下にある生来のネガティブな気質がわき上がって来て、何故かある書店の「占い／人生哲学」が並ぶ、人のいないコーナーに入り込み、読むともなくペラペラページをめくっていた所で出会ったのです。それは『〈自己発見〉の心理学』（講談社現代新書）でした。

キラキラ煌《きらめ》く装丁の占い本や人生相談本の中、なぜ地味な新書がポツンと一冊置いてあったのか知りませんが、手はスッとそこに伸びて、「解放のための自己発見のすすめ」とこれまた地味目なキャッチがその時の私の心をつかんだのでした。

「この本が助けてくれそうだなあ……」という予感めいたものがひらめき、サッとページをめくり、まえがきの冒頭を読んだ時、予感は確信へと変わっていきました。

『私のいちばん言いたいことは、考え方次第で悩みは消えるということである……』眉《まゆ》に唾を何度もつけつつ、その場で一気呵成《いっきかせい》に読み切り「この先生についていこう!」と決意を固めてしまったのです。悩める男は単純だったんですね。

私は本の著者でカウンセリング心理学者の國分《こくぶ》康孝先生に学ぶことを衝動的に決意します。プロフィールから、先生が筑波大学大学院で教鞭をとっていることを知り、大学院を受験するために予備校に通おうと考えました。

抱えていた不安がなくなったわけではありませんでしたが、私はこの本によってネガティブな気持ちを払拭し、新たな目標に向けてやる気を奮い立たせることができたのです。

一方妻はといえば、私の仕事が減っても、変わらず淡々としていました。「仕事が減って大丈夫なの？」とか「まだローンもあるのに」なんてネガティブな発言は一切なく、「仕事が減っちゃったなあ」としょぼんとする私に、「何言ってんの。食べていくくらいできるでしょ」とこともなげに言っていました。

そして私が心理学を学ぶために受験することに対しても、反対賛成は特になし。普通なら「仕事が減っているのに大学院どころじゃないでしょ」と反対しそうなものですが、そんなふうに水を差すこともなく、興味の赴《おもむ》くまま突き進む私を、黙って見守ってくれていました。

ちなみに、あとで知ったことですが、私が師事することになる國分先生は大変な愛妻家で、何をさておいても奥様を大事になさる方でした。

奥さんを大事にすることは、私の中では人として尊敬すべきポイントの上位です。私はその後國分先生を人生の師と仰ぐことになりますが、國分先生が愛妻家であったことは、何よりのポイントだったかもしれません。

その後先生とお目にかかる時は、奥様がご一緒という場面が少なくありませんでした。

アメリカ留学もお二人でなさった。

何ともうらやましいカップル先生です。

私がハマった「論理療法」とは

國分康孝先生の『〈自己発見〉の心理学』は、一言でいえば「論理療法」について書かれた本です。

論理療法とは、「人間の悩みは、出来事そのものが原因ではなく、その出来事をどう受け止めるかによって変化する」「したがって悩みを消すには、ものの受け止め方、考え方を変えていけばいい」というものです。

私の場合で言うと、悩みのもととなった出来事は「仕事が減った」ということです。前より仕事の声がかからなくなった、これまでの忙しい時間が消えてしまった、収入も減った、という事実です。論理療法ではこれを「(実際に起きた)出来事＝Activating event」と言い、頭文字をとってAとします。

こうした悩みが生じると、一見出来事そのものに悩まされているように見えますが、じつはそうではなく、「仕事が減ったら人生は終わりだ」「声がかからなくなった、必要のない人間になってしまった」などといった考え方、受け止め方に悩まされています。この「考え方＝Belief」をBとします。

「仕事が減ったらもう終わりだ」のような考え方のままでいると、当然落ち込みます。追い詰められて、自暴自棄になって、お酒で紛らわせて、お金も健康も失ってという結果を招くことも考えられます。この「結果＝Consequence」をCとします。

一方、ここでB（考え方）を変えたら、「仕事が減った、ラッキー、別の何かを始めるチャンスだ！」などと考え方をガラッと切り替えられたら、結果も変わってきます。自暴自棄になるどころか、できた時間を生かして別の何かに取り組み、今よりもっとハッピーになるという結果が得られるかもしれません。

このように、論理療法では悩みが生まれる過程をA（Activating event）、B（Belief）、C（Consequence）の三つの要素に分け、それぞれの要素をきちんと整理した上で、「B（考え方）」をうまく変えていくことを試みます。

「今の考え方（B）は本当に正しいのか」を自問自答し、カウンセラーのサポートを借りるなどして、物事に対する考え方や受け止め方を変えていく。そしてそのBを変えることで、C（結果）を変え、悩みを解消に導いていく。これがABC理論に基づく論理療法というやり方です。

心理学では、ほかにも悩みを解消するさまざまなアプローチがあります。カウンセラーがひたすら悩みを聞き倒す傾聴や、運動したり行動形式を変えることで悩みを消す行動療法などもありますが、私の場合、この論理療法が非常にハマりました。「頭を使う」というところが、一番しっくりきたのかもしれません。

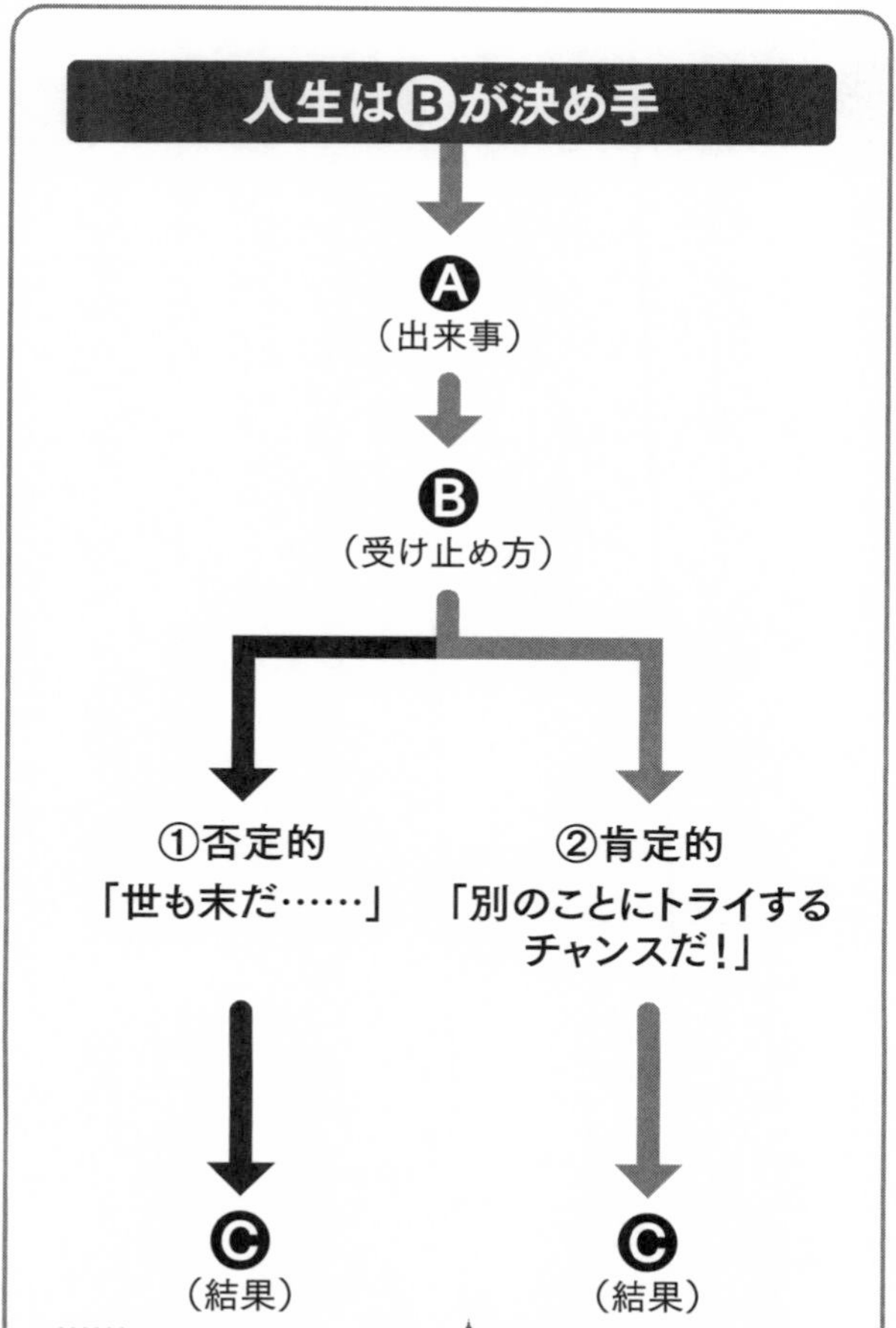
人生はⒷが決め手
Ⓐ
（出来事）
Ⓑ
（受け止め方）
①否定的
「世も末だ……」
②肯定的
「別のことにトライするチャンスだ！」
Ⓒ
（結果）
落ち込み
アンハッピー
Ⓒ
（結果）
希望があって
ハッピー

國分先生は講義の中で、よくこうおっしゃっていました。

「悩むのは頭が悪いからだ。物事をきちんと整理して、客観的に捉える力を持ってないから悩むんだ」と。

もちろん極端な言い方としておっしゃったのだと思いますが、先生のこの言葉を聞いたとき、私は「なるほど、そうか、俺は頭が悪いんだ」と目の前の霧が晴れる思いでした。

そして「じゃあ頭をよくするにはどうしたらいいんだろう」と素朴な疑問を抱き、國分先生に学んでみようと思ったのです。

國分先生は本の中で、しばしば夫婦関係について言及しています。

例えば、「妻は食事と育児に専念すべきである」という「べき」は、夫が勝手に願望を述べているにすぎず、願望は一〇〇万遍唱えても真実とはならない。

「家庭は憩いの港たるべき」ではない、「家庭は憩いの港であるにこしたことはない」と考えるほうが事実に即している等々。

要するに、「～すべき（should）」とか「～ねばならぬ（must）」という考え方は、事実を無視して願望を唱えているだけで、これに囚われるのはおろかであるというんですね。

私はこれを「べきべき思考」と「ねばねば思考」と呼んでいますが（「べきべき」「ねばねば」って言葉の響きもイヤな感じがしますよね）、これらに囚われているときは、やっぱり自分を疑って、B（考え方）に戻って考え直してみないといけない。

合理性の物差しを当てて、自らの考え方を修正することで、悩みを解消していく論理療法は、仕事の悩みだけでなく、夫婦関係の改善にも一役買ってくれたという気がしています。

大学院入学を目指して、49歳で予備校に通う

大学院を受験するために予備校に入ったのは、私が49歳のときでした。

もちろん周囲は若い人が大半でしたが、何人かは私と同世代、あるいはちょっと上の世代の人もいました。

みなさん学ぶことに大変意欲的で、「もう一花咲かせたい」という思いに溢《あふ》れていました。そうした人々の中に身を置き、ともに将来について語り合うのは、とても楽しいことでした。

しかし、勉強そのものはみな真剣勝負です。大学院合格を目指して、それなりの費用をかけて通っていますから、ただみんなと楽しく学べればいいというわけにはいかない。そこのところは、カルチャースクールなどとは一線を画している

かもしれません。

予備校へは仕事をしながら週1で通い、1日3科目を学びました。「心理英語」「心理学」「研究計画書の書き方」の3つですが、中でも厳しく叩き込まれたのが、「研究計画書の書き方」でした。

研究計画書というのは、「自分は何をどう研究したいのか、なんのために大学院に入るのか」をアピールするためのミニ論文ですが、それまで私は、論文はおろか文章をまともに書いた経験がほとんどありません。

毎回授業時間内に、400字詰め原稿用紙を4～5枚書いて提出するのですが、返ってきた原稿はいつも真っ赤っ赤。私はどうも情緒的な言葉を並べてしまうことが多く、「もっと論理的な言葉で書くように」と手厳しく指導され続けました。

しかしそのおかげか、論理的かつわかりやすく書くスキルをつけることができたような気がしました。このときの経験が、その後、ものを書く土台になったと言っても過言ではありません。

ところで、予備校には各大学や大学院から「リクルート」に来ることがありました。「うちはこういう大学です」「今回これだけの人数を取ることになりました」といったことを、大学院志望の予備校生にプレゼンしに来るんですね。

あるとき東京成徳大学という学校から女性の先生がいらして、私に「國分康孝先生をご存知ですか?」と尋ねられました。何とも運命的な一言でした!

私が「いや、知っているも何も、私は國分先生に学びたくて受験するんです。國分先生は筑波大学大学院で教えていらっしゃるんですよね?」というと、「あなた、國分先生は今度うちの学校に来られるんですよ」と。

それを知った私は、慌ててその女性の先生を質問攻めにして、東京成徳大学大学院向けの受験勉強に切り替えることにしたのです。予備校に通っていて本当によかったと胸を撫で下ろしました。

このように予備校というところは、大学院に関するさまざまな情報を提供してくれます。学校や先生のことについてだけでなく、そこに受かるにはどう勉強したらいいいか、志望校別の受験対策も施してくれました。

予備校は勉強の指導をするだけでなく、受験の情報基地としての役割も果たしているわけです。

憧れの國分先生のもと、修士論文を書く！

1年間の予備校通いを経て試験に臨んだ結果、私はギリギリ合格を勝ち取り、晴れて東京成徳大学大学院に入学することができました。ここで2年間、國分先生のもとで学んで修士論文を書くのが目指すべきゴールです。

ところが、お目当ての國分先生は大人気です。先生の指導を受けられるのは、二十人のうちたったの二人。大学院は入学してすぐに「指導教員を誰にするか」というところからスタートするため、またもふるいにかけられることになったのです。

ここまで来て負けるわけにはいきません。「なんとしてでも、憧れの國分先生をゲットしなければ！」と、私は戦略的な戦い（？）に挑むことにしました。

「自分が学びたいこと」より「先生が教えたいこと」に焦点を当てることにしたのです。

こういうとき、若い人はひたすら「自分のやりたいこと」を語りがちです。

でも、それでは先生のハートは摑めません。自分のやりたいことを熱心に語るのも大事ですが、先生の研究に自分がどれほど興味を持っているかをアピールしなければ、先生は手応えを感じられません。学生のための指導とはいえ、先生だって教えたいことを教えたいはずだと、50がらみの受験生はたくらんだのです。

そこで私は、これまで先生がお書きになった多くの書籍に目を通し、素人ながら「先生が目指す研究とは何か」をまず頭に入れました。そして先生との面談で「君は何をやりたいのか」と尋ねられたとき、先生が得意とする論理療法の話をし、自分もその理論と実践について学びたいと訴えました。

結果的には、先生の研究を必死になってヨイショしたみたいな話でしたが、大らかな先生は嫌そうな顔もなさらず受け入れて下さったというわけです。

國分先生の指導は、研究室でお茶を飲みながら、雑談をするような感じでスタートしました。

「君は話すことのプロフェッショナルのようだ。自分のプロフェッショナリズムを生かした形で論文を書けば、君の主張をよりアピールでき審査も通りやすくなる。審査会などで自分の気持ちを適切に開示する話し方も重要なポイントだ。君の言葉についての知見を論文で上手に示せたら面白いものが書けそうだ。今の時点で何かアイディアはあるか？」

憧れの先生を前にしどろもどろになりながら、あーでもないこーでもないと迷走気味な私の話を、先生はしっかりと受け止めて下さいます。

「そうか！　うん、いいぞ!!　それは○○ということか？　ならばＯＫだ。やってみる価値はあるぞ！」

審査を通過するための戦略まで教えて下さる先生に励まされながら、論文のテーマが徐々に固まって来ました。

こうしてさらに先生と話し合った末、私は論文のテーマとして、２０００年当時よく話題になっていた曖昧な若者言葉、「～みたいな」「私的（わたしてき）には～」という若者が使う「あいまいな表現」にスポットを当てることにしました。

こうした言葉遣いをする人たちの背景には、自己主張能力の欠如があるのではないか、曖昧さを残しているところに何か心理的な困難を抱えているのではないか、人と触れ合うことを避けようとする現代の若者心理があるのではないか。

これらを研究課題に設定し、調査分析し、考察を加えて論文に仕上げることにしたのです。

実際にまずスタートさせたのは、調査票や質問用紙を作成し、それを若い人に配って歩くことでした。伝手《つて》を辿《たど》って早稲田や法政大学の広告研究会など文化系サークルの人たちにコンタクトを取り、用紙を配布・回収し、パソコンで分析し、データを出しました。

そのデータから、自分が立てた仮説との間に相関があるやなしやを調べ、論文にしていくのですが、自分の調査データだけでなく多様な文献にも当たらなくてはいけませんから、当時は大学院はじめ都内各所の図書館に足繁く通っていました。

こうして書き上げた修士論文のタイトルは『いわゆる若者言葉と触れ合い恐怖的心性およびアサーションとの関係についての研究』。改めて見ると、やたらと長いタイトルでしたね……（笑）。

ちなみに、論文に対する審査会での評価は手厳しいものだったようです。「これは論文というには俗ではないか」「世間話を集めただけのものではないか」といった意見も出されたようでした。

そこを國分先生が、「世間の実態を考察するのは悪くない！」と推してくださり、なんとか審査が通った……。私が修士の学位を得ることができたのは、先生の熱心な指導と後押しのおかげと言っても過言ではありません。

この論文の内容は、のちに読売新聞で紹介され、出版社の目に留まり、『口のきき方』（新潮新書）という書籍として刊行されました。審査会では辛口評価だったものの、一般書籍としてはヒット作となり、物書き人生をスタートさせる糸口となったのです。

本当に、人生何が起きるかわからない。チャレンジしなきゃ何も始まらない。

つくづくそう思いますね。

街場のクリニックで実践にも挑戦！
現場のカウンセリングを肌で学んで

ところで、大学院での学びは座学だけではありません。先生や先輩たちに連れられて近所にある附属幼稚園や児童相談所などに足を運んだり、校内にある心理相談センターで先生方が行うカウンセリングをそばで見て学ぶ陪席を含み、さまざまなケースを学びました。

それに加え、かつての職場、文化放送の近くにあるクリニックの先生の紹介で、都内にあるメンタルクリニックで研修という名目で雇ってもらえることにもなりました。

心の病を抱えた人たちが日常生活に復帰するためのリハビリのお手伝いです。

医師、看護師、心理士の方たちに交じってプログラムに参加させてもらったり、メンバーのみなさんと一緒に社会科見学の一環として工場や博物館や美術館へ行ったり。ホテルでの食事会も楽しいひとときでした。

そういった活動を通して、メンバーさんの話を聞き、困り事の相談に乗り、諸先輩や先生方につなげていくということもやっていました。

最初はとても戸惑いました。まず何より驚いたのは、私が生きてきた業界とは「言葉の重み」がまるで違うこと。テレビ・ラジオの人たちと違って、チャラチャラ、ペラペラと軽々しくないのです。

みな「テキトー」ではなくまじめに真剣に、吟味された言葉を交わしています。私の「軽さ」が悪く出て、叱られてしまったこともあります。

親しくなったメンバーさんを、ついいつものクセで「ちゃん」付けで呼んだところ、「親しい人を『ちゃん』付けし、それ以外の人を『さん』付けするようなことをしてはいけない。親しい人とは楽しげに話し、そうでもない人には近寄らないという空気を出すのもダメ。みな平等に接するように」と厳しく言われたのです。当たり前ですよね……。

また、トレーニングの合間にメンバーさんたちと卓球をしたとき、中学時代卓球部で腕に覚えがあったからか、得意げにスマッシュを決め、「よし！」と調子に乗ってしまったら、本気を出したメンバーさんにボロボロにされるほど負かされました。それまで手加減をしてくれていたんですねえ……反省……。

「休み時間であっても、スタッフとしての本分を忘れるような行動は慎《つつし》まなくてはいけない」。1日の終わりの反省会では、こういうこともよく諭されるオッチョコチョイなスタッフでした。

一方ここでは、自分で考えたワークプログラムを実際にやってみるという貴重な機会も与えていただきました。

私は「ラジオの人気者」ということになっていたので、当時流行っていたスマップの曲の歌詞をみんなで音読し、詞の意味について語り合い、各人の体験に重ね合わせるという取り組みを行いました。最後にみんなでその曲を聴き、聴く前と後で気持ちがどう変わったかを共有するということもしました。

プログラムルームを出る時、その曲を口ずさんでくれる人もいて、「やってよかった！」と思いました。

メンバーさんたちの前職は、みなさん各々に華やかです。会社員として優秀な成績を収めていた人、携帯ショップで売り上げナンバーワンを続けた人、絵や習字が玄人はだしな人、麻雀や将棋などで優勝を重ねた人など、才能豊かな人が少なくありませんでした。懐かしいなあ！

また、メンバーさんたちはとてもキチンとしています。「みんなで昼食を作る」というプログラムでスーパーに買い出しに行ったとき、ピーマン一袋選ぶにもしっかり時間をかけて選ぼうとしていました。

私なんか、何も考えずひょいひょいカゴに投げ入れて「梶原さん、まじめにやろうね」と諭されることもしばしばでした。

メンバーさんとの触れ合いはもちろん、クリニックのスタッフや先生方と出会えたことも貴重な財産です。

ときに厳しくときに温かく、真摯に私を指導して下さったことは今でも感謝に絶えません。

大学院修了後、修士論文がきっかけで物書きの道へ

大学院に通っていた間、仕事のほうは、と言いますと、これが学業と両立できる程度に、忙しくしていました。

文化放送のラジオ番組が月曜と金曜の早朝に一本、静岡でのテレビの夕方レギュラー番組が週に3日、そのほか単発の仕事がちょこちょこと。それと並行して、土日を含めた週4日を院の講義やクリニックでの研修に当てるという日々でした。

要するに「仕事が減ってしまった」と慌てたものの、食べていくだけの仕事は何とかなる程度にはあり、仕事が減ったぶん学業や研修が加わったため、忙しさは以前と大して変わらないような状態だったのです。

その上、前に書きましたように、修士論文をきっかけに本を書くようになりました。『口のきき方』のヒットのおかげで、出版社から執筆依頼が相次ぎ、新聞やネットでの連載もスタートしました。

大学院通いを終えたあとは、放送に書きものの仕事が加わり、久々の忙しさを楽しむこととなりました。

原稿依頼が増えるに伴い、私はますます図書館に入り浸るようになりました。論文を書いた経験からか、「ものを書くときは根拠に基づかないといけない」と強く思っていました。何を書くにも詳しく調べないと気が済まないところもあったかもしれません。……というよりも実を申せば書くことに不慣れで、執筆に大変時間がかかったというわけです。

開館から閉館まで一日中図書館で粘ったにもかかわらず、たった数行しか書けず、「俺の青春の貴重な一日を返してくれ……」と、自己嫌悪に陥ることもしばしばでした（50男が青春もありませんが……）。

とは言え、図書館で一人黙々と作業を進めるのも「悪くないなあ」と思うこともありました。

朝から図書館に入り、お昼になったら館内にある食堂で昼食を取り、外の空気を吸ってまた作業に励む。周囲には自分と同じように、一日中図書館にいて熱心に調べ物をする人たちの姿もある。でも互いに挨拶をするでもなく、それぞれ淡々と調べ物に取り組む。

そうした図書館の空気がなぜか性に合って、いつしか図書館は大切な居場所の一つになっていったんですね。

で、その図書館通いが高じて、バイクを買いました。

電車だと乗り換えだなんだで小一時間かかってしまいますが、バイクだとドアトゥドアでせいぜい30分。当初は50CCの原付きに乗っていましたが、高速道路を使うことを考えたらやっぱり自動二輪がいいと、50代にして30年ぶりの自動車教習所に通い、自動二輪の免許をとり、バイク乗りになったんです。

すると、いつもの図書館だけでなく、ほかの図書館にも足を延ばすようになりました。あちこち通ううち、「ここの図書館はこれが充実している」「これを調べるならあそこの図書館だな」など、それぞれの館の特徴もわかるようになりました。

バイクを買って、図書館巡りを始めた結果、都内の図書館にやたらと詳しくなっちゃったわけですね（笑）。

このように、なんだかんだ言って、50代のうちはお金に縁はありませんでしたが、まだまだ忙しい日々を送っていました。

おそらく、放送の仕事が減ったぶん、学業や図書館通いに勤しむことで、あえて忙しい方向へ自分を持っていきたかった。忙しい時期のなんとも言えない華やかさを取り戻したかった。

妻と過ごす時間も大事だけれど、忙しいことで生まれる充実感が一番の幸せだと、そう思っていたんでしょうね。

でも、今思うと、これって勘違いですよね。仕事の充実感ももちろん大事だけど、それが一番の幸せっていうのは、やっぱり思い込みにすぎなかったようです。

この勘違いに気づいたのは、ここ10年くらい、60代も半ばを過ぎてからです。

物書きとしての仕事も一段落して、妻と過ごす時間が暮らしの中心になって、お互いにシワと白髪が目立つようになり、ようやく本当の幸せが何かがわかった、といったところかもしれません。

「人生はときに損得で考えろ」という教え

振り返ってみると、國分先生の指導を通して、私はおもに二つのことを学んだように思います。

一つは、本章冒頭でもご紹介した「悩むのは頭が悪いからだ」、そしてもう一つは、「物事はときに損得で考えろ。損得で考えるというのは、意外と判断を間違わないものだ」ということ。これは國分先生独特の哲学的な名言の一つでもあります。

損得勘定といえば、一見功利主義的で、下品なものに聞こえます。

ところが先生は「そんなことはない、むしろ物事を冷静に判断する物差しとして損得はときに役に立つこともある」と、多面的な視点を与えようとして下さったのです。

例えば、前章で「妻が好きなものをけなしてはいけない」という話をしましたが、これも根底にあるのは損得勘定です。

けなしたりしたら、ケンカになるから損。けなすより褒めたほうが、妻の機嫌がよくなり、夫婦円満でいられるので得。妻の笑顔がたくさん見られるから得、というわけです。

あるいは、夫婦でどちらが正しいか張り合って、相手を言い負かしていい気分になるより、相手が求めている言葉を伝えて相手を気分よくするほうが、揉め事もなく二人の仲も良くなり、ずっと得。

どうです？　こうやって損得を考えると、そんな気になってきませんか？

仮に褒めるのが苦手なら、せめて相手の意見に寄せて言う。相手がそれが好きなようなら「いいね」で、あまり好きでないようなら「そうなんだぁ」で返す。

そうしたほうが気分よく会話できて楽しい、相手も嬉しいし自分も嬉しい。ケンカするより得だって、理屈ではよくわかりますよね。

ところが、どうも私たちは逆のことをしてしまいがちです。水を差すようなことを言って、ケンカしてイヤな思いをして、自ら損を取りに行く行動をとってしまいます。

これ、身に覚えがあるので自戒を込めて言いますけど、バカバカしいですよね。自ら進んで損をするほうを選ぶなんて、頭悪いんじゃないかってことになっちゃいますものね。

人前で妻の話をする時、「うちのはバカだ」「うちのはマヌケだ」と、とんでもないことを口走ってエラソーにするオッサンがたま〜にいますが、最低な男だと思います。「さっさとお前が家を出て行け！」と声をかけたくなります。

身内の妻だからあえて低めて謙遜したんだと、言い訳にもならない言い訳をするバカなオッサンもいますが、他人事《ひとごと》だと許す気になりません。妻を尊敬もできず、優しい言葉もかけられない男はロクなもんじゃありません。

妻の悪口を言う男性に周囲は「おっ、君、勇気あるねぇ」などと笑って聞いているかもしれませんが、本音は軽蔑のまなざしを送っていることに気づかないアホだと思います。人前で妻の悪口を言う人は、陰に回ると仲間や友人の悪口を平気で垂れ流すやつに違いありません。

妻のことをけなすなんて許せない！　と少々取り乱し気味でスミマセン……。結局悪口を言って得することなんて、本当は一つもないんですよね。妻の悪口探しに奔走するより、いい所探しに努めるのが男というものです。

相手の美点や長所、いい所を見つけたらすかさず口にして「いいねえ、それ」

と褒める、「何かいいことあった？　元気そうだねえ」などプラスの言葉を投げかけることを、カウンセリング用語で「コンプリメント」と言います。

褒め所があれば必ず一言「いいねえ！」、いつもと違う服装だったりしたら「あっ似合うねえ」とさり気なく口にする。

タモリさんがスタッフの女性に「あ、髪切った？」と軽い声がけをするのも立派なコンプリメント。言われる側はとても嬉しい気分で浮き立ちます。

スーパースターのタモリさんでなくとも、夫が妻に「あっ、美容院行ったんだ」の一言は、妻を喜ばせるコンプリメントです。ちょっとした変化をとらえて、それを口にすることで相手の気分を上げるコンプリメント。「わざとらしい！」と言う前になるべくさり気なく口にする「クセ」をつけると、夫婦関係はさらに順調にいくこと間違いなしです。

相当な偏屈でもない限り、褒められてイヤな気分になるという人はそんなに多くはありません。

髪型を変えたり、とびっきりのワンピースを着てめかしこんだのに、それに触れてくれなかったり、逆に「どうしたの？」などと否定的にコメントをされるよりは、「あ、それいいねえ」と言ってもらったほうがずっと気持ちがいいはずです。

相手にこびへつらうように、心にもないことを口走るのはダメですが、あなたのアンテナにビビッと来た肯定的なポイントを口にする、「あ、ワンピース！」「あ、髪キレイ」のほんのわずかな言葉がそのままコンプリメントになって、二人の距離を近づけてくれます。より心地のよい日々のためお試し下さい。

ちなみにカウンセラーの中には、相談者が来談したその出会い頭にコンプリメントを使うケースもあります。
カウンセラー「裏通りに面したこの相談室、迷いませんでした？」

相談者「迷うと思って早めに家を出たら早く着いちゃって……」
カウンセラー「わー、時間潰してピッタリに来てくれたんだ！　気を使わせちゃってごめんなさい、ありがとう！」

こんなさり気ないコンプリメントで、あっという間にいい関係性を築いてしまうのが腕の良いカウンセラーです。

こういう導入はその後のカウンセリングを実りあるものにする可能性を高めます。コンプリメントは信頼構築のため、思った以上の力を発揮させるのです。

あら探しより、良い所探しのほうが前向きで生産的です。ぜひ奥様は旦那さんに、旦那さんは奥様に心がけていただきたいと思います。

若い頃の私たち夫婦は、互いを厳しく評価し合っていた気がしますが、今ではとりわけ私のほうは、いつでもコンプリメントを切り出せる態勢にあります。

無理しているわけではなく、妻のことが本当に好きだからでしょうね（失礼）。

のんびり聞いて、思いめぐらし、しみじみゆったり喋りましょう

思えばここ10年で、私自身ずいぶん変わったように思います。

50代に入り大学院で心理学を学び、放送以外の世界を見られたことは、人生の大きなターニングポイントに違いありませんが、それを経て過ごした60代以降の変化は、またさらに大きいものだと感じています。

まず、喋り方、会話の仕方が変わりました。聞くのも喋るのも、スローダウンしました。

それまでは、スピーディかつシャープに、相手が述べたことに対して間をおかずに、ポンとものを言うのが頭のいい人の話し方だと信じていました。そういう話し方や返し方をしたほうが、「キレがいい」「頭がいい」って評価されると思っ

てたんですね。

でも今は逆です。自分が話すより、まず人の話をゆったり聞いて、言葉をじっくり味わってかみしめたい。そして自分が何か返すときは、相手の言葉を最後まで聴いて、ゆっくり穏やかに話したい。そんな気持ちが勝ってきたという気がするんです。

年をとって話す速度が遅くなったということもあるかもしれません。実際早く喋ろうとすると、舌がもつれちゃう（笑）。仕事に差し障りが出るほどじゃありませんが、やはり年相応に話し方も自然と変化してくるんでしょうね。

それを情けなく思う気持ちはありません。年をとれば話し方もゆっくりになる、行動も思考もゆっくりモードになる。そこを無理して速めたり、あえて機敏に反応して見せる必要はないんじゃないですかね。

たしかに若い頃は、駆り立てるような喋り方に憧れていました。久米宏さんのように、テンポよくスピーディに喋るのがカッコいいと思っていました。おそらく多くのアナウンサーが「あんなふうになりたい」って憧れてましたもんねえ……。

でも、久米さんの話し方も後年だいぶ変化しました。ゆっくり聞いて考えて話すスタイルに変わってきた印象です。私はむしろこの久米さんのためらったり、自問自答したり、間を大きく空ける話し方がすごくいいなあと思っています。

のんびり聞いてゆったり喋る。対面の会話から横並びの会話へ

30代半ばのことだったと思います。

仕事の忙しさを言い訳に茅ヶ崎の実家に半年近く顔を出さない時期がありました。

たまには「得点稼ぎに」と思い立ち、秋のある日の昼下がり、仕事先から一人で東海道線に飛び乗って、両親が二人で住む海辺の家へ向かいました。

家に近づくと父の大きな声と母の笑い声が聞こえてきました。垣根越しにそっと覗くと、縁側で狭い庭を前に、横に二人仲良く並んでお茶を飲んでいます。

父「あの松の枝は切り落とさんとなぁ」

母「その前に、お父さん、こないだの風で飛んだ物置の屋根、何とかして（笑）」

父「それもそうだなぁ（笑）」
いつもながらの「たわいもない会話」を楽しむ父と母の幸せそうな、肩を並べた二人のやり取りをしばらく見たあと、あらためてインターフォンを押し、家に入りました。
私「昔っからこんなに仲良かったっけ？」
父「いやあ、人生で今一番、仲が良い（笑）」
母「やだよう、お父さんたら（笑）」
こういう夫婦がいいなぁ、と思っていたら、どうやら私たち夫婦も、いつの間にか同じようなものになっていました。季節の良い時期は、ベランダに椅子を二つ並べて、部屋にいる時はソファーに並んでテレビのニュースやワイドショーを見て、どうでもいい話をぺちゃくちゃするのが何よりの楽しみです。
二人向き合って話をするより、横並びで同じ光景を見ながら、ああでもないこうでもないと話し込む。向かい合いの話より横並びのおしゃべりを楽しむ癖は両親譲り。

対面だと、かつて熱心にやっていたカウンセラー時代の「相づち、頷き、オウム返し」を思い出し、熱心に傾聴しすぎて疲れそうな気もしてきます。

横に並んで、同じものを一緒に見ながらおしゃべりするのも、夫婦円満のコツかもしれません。

第5章

夫婦の、これからのこと

ここで一句「手に手をとって」が比喩でなくなる高齢夫婦

この年になって、なんでまた「妻をどんどん好きになった」のか。自分なりに考えたんですが、これって「第2のハネムーン」とはいえないでしょうか。

第1のハネムーンは、もちろん新婚時代。この時期はとにかく熱に浮かされるようにアツアツで、幸せいっぱいに盛り上がって、好きモードもマックスですよね。相手の好きな所ばかりキラキラ見えて、「好き」がどんどん増殖します。長くは続きませんが……。

で、しばらくするとどの夫婦もいろいろあって、ケンカしたり仲直りしたり、またまたケンカしたりと紆余曲折するわけですが、そこから40年、50年と経って、子育ても終わって、仕事も介護も一区切りつくと、ちょっと落ち着いて、また二人きりの世界が戻ってくる。

「あれやこれやあったけど、気づいたらこの人と一緒にいられたから、いろんなことを乗り越えてこられたんだな」と、互いの存在が大切に思えてくる。「やっぱり好きだな」という気持ちが募ってくる。

これを第2のハネムーンだと考える人もいると聞きます。私もそう思います。

しかもこの年になると、どちらかがちょっと具合が悪くなったりします。私たち夫婦のように、手を取ったり体を支えたり、身体的にサポートし合わなければならなくなることも多くなります。

そうなると、ただ「好き」というだけじゃなく、思いやり労り合う気持ちが強まります。「二人で一つ」という感じになって、若い頃以上の深い愛、慈しみが生まれます。

これは人生の終盤でしか味わえない、長年連れ添った夫婦の醍醐味なんじゃないでしょうか。

なぜ高齢期が第2のハネムーンとまで言われるのでしょうか？　一つ目の理由は「ゆっくり歩くようになる」ということが挙げられると思います。

例えば、夫婦二人で散歩をするとき、私は妻の手をしっかり握って、しっかり支えて、ゆっくり歩きます。のどかな春の日和なら、「もう桜が散ったね」「新芽が出てきたね」なんて言いながら、景色を眺めて自然を愛でて、のんびりのんびり歩きます。

すると、「ああ、もうそんな時期か」としみじみ季節を実感できます。足早に歩いていた頃にはわからなかった時の流れが感じられます。

結婚式の言葉でよく「二人で手に手を取り合って」と言いますけど、年をとると比喩ではなく、本当に手に手を取らないと前に進めなくなったりします。足元もおぼつかなくなって、上品に一歩一歩歩くしかできなくなります。

他方《ほか》から見れば一見不便で情けないことのようにも見えますが、そうしたスローな時間が二人の仲を深め、若い頃とはまた違った愛情を育み、あのハネムーン時代を呼び覚ませてくれるのかもしれません。

二つ目は、相手のイヤな所より、いい所に自然と目が向くようになること。

かつては、何かとパートナーの悪い所に目がいったものです。若い頃は批判的にものを見るのがカッコイイと思っているせいもあってか、ここが悪いのあそこが嫌いだのと、相手の欠点や短所ばかりが見えてしまいます。

でも、年をとるとそういう気持ちが薄れます。むしろ「おぼつかない足取りが可愛らしいなあ……」「笑いジワもいいもんだな」って、二人が仲良く一緒に暮らしてきた長い人生に感謝したくなったりしてきます。

三つ目は、皆が皆そうではないでしょうが、少なくとも私の場合は、妻以外の異性に興味が募らなくなること。

そりゃあ世の中に素敵な人は山ほどいますけど、キレイだなあ、カッコイイなあと思うだけで、興味津々とまではなりません。いつでも「妻は別格」という感じになってきます。そうです、別格でキレイなんです。別格で可愛いんです。

結局誰と比べても妻が一番という、「妻返り」みたいな現象があるんじゃないでしょうか。

四つ目は、過剰な期待をしなくなること。

さすがにこの年になると、相手に対して「あれをしてくれたらいいのに」「こうあってほしいのに」というのはほとんどなくなります。やってもらうより、やってあげるほうが喜びとなるからです。

五つ目は欲を出さなくなること、足るを知るようになるっていうんでしょうか。

年を重ねると自然と「分をわきまえる」ようになります。欲望むき出しとは無縁になれますね。「あれがほしい」「いやこっちだ」のような子どももみたいなケンカもなくなってきます。欲はある程度はあったほうがいいとは言いますが、ほどほどにしませんとね……。

六つ目は、残された時間が少ないことを、お互いに了解し合っていること。

年を重ねると、次第に一日一日が貴重に感じられます。そばにいてくれる人の存在をありがたく感じるようにもなります。「今年も一緒に桜が見られたね」という何気ない会話が愛おしく、大切なものに感じられます。

相手の年輪を重ねた顔の向こうに、これまでに起きた出来事やしてもらったことが心に浮かんで、言葉にならない感謝や愛情が胸にこみ上げてきたり……しみじみとした思いも湧き上がってきます。

こんな心のありようを、第2のハネムーンと呼ぶのかもしれません。

なぜ「若い美女」より「ウチのカミさん」がいいのか

私は28歳で結婚しましたが、新婚当時より今のいわゆる第2のハネムーン期のほうが、妻に対する愛情が強い気がします。40年以上の結婚生活で、今が一番夫婦仲がいいかもしれません。

年老いた夫が年老いた妻を熱愛するって、若い人には変な話に聞こえるかもしれませんが、実際私の周りにもそういうご夫婦が少なくありません。昔はそれほどでもなかった気もしますが、年を重ねるに従ってどんどん仲良しになるご夫婦、増えている印象です。

孫の写真を見せながら「こっちの女の子は私似、そっちの男の子はパパ似なのよね、パパ」と嬉しそうにしている。そういう友人たちを見ると、ああやっぱり今も仲がいいんだな、楽しいんだなって思うんですよね。

よく「女房と畳は新しいほうが」とかバカなことを言う人がいますが、本気でそう思っている人はごくわずかです。そうでなければ離婚率はもっと上がっていることでしょう。

「妻よりも若くてキレイな女性がいい」と本気で思うおじさんはごく少数派ではないでしょうか。何年間も一緒に生活して、苦楽をともにしてきたわけですから。「ずっと長い間同じものを一緒に見てきた、感じてきた」という歴史は、やっぱり重いのです。

その辺のオネエちゃんの色香に負けて、この歴史を放り投げるなんて、普通はそう簡単にはできないものだと思います。え？　できる!?　エライ!!

もちろん、夫婦として過ごした間にはケンカもしたでしょうし、イヤなこともいっぱいあったはずなんですけど、どうしたもんか、時が経つとケンカしたこともイヤな思いをしたことも、スーッと浄化されて、笑い話になっちゃったり。人間って本来、そういうふうにできているんじゃないですかね。

とはいえ、中には年をとるほど仲が悪くなって、しょっちゅうケンカばかりしているというご夫婦もいるようですけど、それは本当につらいことだと思います。ここまで一緒にやって来て、相手を大切に思えない、感謝もし合えないって、どれだけ不幸なんでしょう！

体力が衰えた夫をバカにしたり、容色が衰えた妻をけなしたり、そうやってお互いを捨て合うような関係しか築けないなんて、耐えられません。

私なんか、容色の衰えをけなす男の気持ちがまるで理解できません。むしろシワの増えた妻の顔が大好きです。シワは妻と一緒に歩んできた年輪です。一本一本に愛おしさがあります。今の妻は若い頃よりずっと魅力的だと思います。

「若い美女」だった妻より、今の「ベテランおばさま」になった妻のほうがずっと素敵で可愛いと言うと、不思議がられたり変に思われるかもしれませんが、二人でくぐり抜けてきた年月の分だけ愛おしさが募るということなのだと感じます。

もちろんうちの場合、妻が大病して、何とかしのいで乗り越えた分だけ、感謝や愛情が一層増したということはあるかもしれませんが……。

夫婦仲の良さは、老後人生を生きる貴重な資源

夫婦仲が良いというのは何にも増して幸せなことです。

外で辛い仕事をしていても、家に帰れば妻の優しい笑顔が見られると思えば勇気百倍です。その逆で夫婦間がギクシャクしている家にはできるだけ遅く帰ろうとするかもしれません。

仕事をキッチリ終えたなら一目散で家に帰りたい、そんな夫婦関係が理想だなあ……。

例えばこのコロナ禍で自由に出歩けなくなり、在宅時間がどんどん増えて、しかも夫婦仲が悪いときたら、これは夫婦共々相当しんどいですね。かりにいくらお金に不自由しないと言っても、精神的には耐えられません。

一方お金があまりなくたって、夫婦仲が良ければ何とかやり過ごせます。家で妻とおしゃべりするのが何より楽しみだという夫婦には、在宅時間が増えるのはむしろ幸せなことなのでしょう。

これと言った大したことを話すのでもなく、ただ二人でテレビを見ながらバカなことを言い合いゲラゲラ笑う。もうそれだけで十分楽しい、元気が出る、生きる力が湧いてくる。

こう考えたら、夫婦仲が良いというのはお金以上の偉大な財産ではないでしょうか。

自慢するわけではありませんが、我が家の夫婦仲は良好です。

妻のことが大好きで、その上尊敬しているからかもしれません。

身内を褒めるようで恐縮ですが、妻を見ていると「この人は本当に偉いなあ……」としみじみ思うことがあります。

大病の後遺症で常に体に痛みを感じ、調子の悪い日は一日中横になることもありますが、普段は洗濯、炊事、掃除は自分の役目だと決め込んで、ドンドン進めていってしまいます。

手伝おうとする私に「邪魔になるだけよ」と言って、自分がやらないと気が済まない様子で困ったものです。「少し休めば?」と言っても「これが私のリハビリだから」と耳を貸さない頑固者です。

古希を過ぎたこの年齢の人たちなら、友達とスポーツを楽しんだり旅行に出かけたりと、楽しさを満喫するのかもしれませんが、体のせいでなかなかそういうわけにもいきません。

こういう暮らしが続いたら塞ぎ込んだりしそうなものですが、妻は決して弱音を吐きません。「辛い」とか「苦しい」とか「悔しい」とか愚痴を一切聞いたことがありません。

いつも前向きで、グズグズ言わない。さすがに私が見込んだだけのことはある？　そういう妻を尊敬せざるを得ないのです。


思うに、妻は自尊感情が高く、「自分は自立した人間で、誰かに依存しなくても生きていける」という信念があるのでしょうね。

何があっても、「私なんか」とか「人と比べて劣ってる」と自分を卑下したりせず、常に自分自身を大切にしながら物事に向き合っている。

その生き方が、清々しいというか、非常に潔いというか。

妻だけでなく、女性は男性に比べて全般的に自尊感情が高い気がします。

男性は他者との比較の中で生きざるを得ない場面が社会的に多いため、なかなか自尊感情を持てない傾向があります。それに対し、女性は、社会の中で虐《しいた》げられてきた歴史もあるけれど、その分男性より芯があり、他者との比較ではなく個としての自分を生き抜く強さがあります。

そういう妻を「すごい人だな」と尊敬できることもまた、結果として夫婦仲の良さにつながっているのかもしれません。

特別なイベントはいらない、「今」が続いてくれればそれでいい

私が今望むのは、「今」が続いてくれること。もう本当に今のまま、これ以上悪いことにならないでほしい。ただ、それだけですね。

残念ながら、妻の病状は少しずつ進んでいます。コロナのせいであまり外出もできなくなり、さらにできることは制限されてしまいました。

本当は夫婦でちょっとした旅行に行くとか、車で遠出するとか、特別なイベントも期待してたんですが、それもできなくなりました。度重なる緊急事態宣言で、楽しみだった週末ごとの御近所飲食店巡りもなくなりました。

唯一許されている外出は、病院通いとスーパーでの買い出しだけ。つまらないといえばつまらない毎日かもしれませんね。

でも、「今日も楽しく、つつがなく外出ができた」と切り替えれば、判で押したような毎日もありがたく感じられます。病院通いも買い物も、二人で仲良く出かければ案外楽しいものです。

例えば、二人でスーパーに行って、一緒にカートを押して、メニューを考えて食材を選んでという作業は、なかなかスリリングです。妻が何を作ろうとしているのか、私がどれを選べばいいのかと頭を働かせるのも、ちょっとワクワクします。

病院へ通うのだって、結構楽しいドライブになります。

若い頃のドライブは、高原へ湖へと車を走らせましたが、今は病院へ車を走らせるのが私たちのドライブです、って何だか綾小路きみまろみたいになってしまいました。

若い人から見たらただの移動でしょうが、今は見慣れたはずの風景がとても新鮮に見えて、走るたびに新しい発見があって、私たちにとっては紛れもなく楽しいドライブなんですよね。

こう考えたら、毎日がイベントです。毎日がスペシャルですね。

旅行や食事など特別なイベントは、あるにこしたことはないと思います。しかし今は、これ以上何も変わらず、妻が元気でさえいてくれたら、それでもう十分じゃないかと思ったりしています。

なーんて言いながら、じつは、妻を心配している場合じゃないかもしれません。脳の老化のほうは、妻より私のほうが進んでいる気がします。

というのも、妻は身体のほうは思うにまかせませんが、頭は常にシャープです。記憶もしっかり、頭の回転も速く、しゃべりも達者です。

それに比べて、私は最近ひどく忘れっぽい。人の名前もなかなか思い出せない。

なんだかんだ今は妻のことを心配しているけれど、ひょっとしたら、私のほうが先にやられるかもしれない。妻より自分のことを心配しろってツッコミがくる、そういう可能性もあるんじゃないかと思っているんですよね。

妻より私が先にどうにかなっちゃうことも十分ありうる話です。どちらが先に逝っちゃうかもちろんわからないわけですからね。

でも、正直「死んでしまう」という意味での「逝（行）く」は考えたくない。特に妻が先に逝ってしまったらと考えるのは、想像もしたくない……キツいですね。

「死の準備」より「ネクストを考えていく努力」を

最近は「終活」に熱心な人が増えているようです。お墓をどうするか、延命治療はどうするか。来たるべきその日に備えて準備するのも、この年になったら必要なことなんでしょうね。

でも、私も妻も、そういうことにはどうも気が回りません。特に話題にも上がりません。毎日を生きるのに精一杯で、そういうことを考える余裕がないっていうのもあるのかな。

それに最初の章でも言ったように、私は記念日に○○するというのが苦手な人間です。ものぐさなんですね。「いついつまでにこれを考えて準備して」というのがめんどくさいんです。そういう習慣もないまま生きてきたせいで、終活のようなことにもなかなか馴染めない。

まあ私も妻も、無意識に考えるのを避けている、というところがあるかもしれませんが。


ただ、現実問題として、「終活」より先にやらなきゃいけないことがあります。

私は自営業者なので、サラリーマンのように定年退職してリタイアするわけにいきません。退職金をドッカンともらえる身分でもありません。何歳になっても働いて収入を得ないといけません。

要するに、「死の準備」より「お金の準備」をしなきゃならない。

実は今、ある小さなビジネスを始めようと進めています。うまくいくようでしたら、その時ご報告します……。

それにしても、新しいことを始めるって、エネルギーがいります。しんどいことや不安なこともあります。でも、やってみるとやっぱり元気が出ます。自分なりに課題を作って、そこに向かって努力すると、生きる力みたいなものが強まる気もします。

もう70歳だからって、年齢で区切って人生の仕舞い支度なんかするより、今やってみたいことを考えて、どんどんやってみるほうが大事なんじゃないでしょうか。

だいたい70歳って、もちろん50代や60代に比べたら体力は衰えてるけど、気力はまだいける。思っているほどには老けてはいないと思いますよ。自分では……。

私も「70歳になったらリタイアして何もしないのが理想だ」と思っていた時期もありましたが、それは自分が70歳になるなんて考えもしなかった時代の話。今実際にその年齢になってみたら「リタイアなんてとんでもない、まだまだやれることがある」って、考え方を修正していますから。

かつてはこの年になったら孫でも膝に乗せて、ひなたぼっこしてっていうのが老後の幸せみたいに考えられていたようですが、今はもうそういう時代じゃありません。そんなのんきなことは言っていられないほど世知辛いということでしょうか。

まあさすがに80歳になったら、今よりさらに、特に体力は落ちるんでしょうけど、私のことだから、体力が落ちたら落ちたなりに、また「何をやろうかな」って考えているんじゃないかな。

とはいえ、80歳になった時、果たしてとなりに妻はいてくれるんだろうか？ そう考えると、ほんとにほんとに切なくなります。ママ、一緒にずっと生きていこうね!!

今のところ、一人でいる姿は、ちょっと想像できない。想像したくない。万が

一、一人ぼっちだったらどうなっちゃうんだろう？
そういう心配があるせいか、時々私は必要もないのに、「ママ、どう？」って、意味もなく声をかけてしまうのです。

唐突に脈絡もなく聞くもんですから、妻には「どうって、何がどうなの？」って不思議そうな顔をされますけど、「どう？」っていうのは、「生きてるよね」「すぐには死なないよね」というのを再確認したいんです。「大丈夫よ」って言ってもらって、安心したいんですね。

そう考えたら、妻をどんどん好きになるって、つらいことでもあるのかな。

「早く死んでくれたらいい」と思うくらい不仲なほうが、夫婦としては理想的なのかな。愛なんかないほうが人生ラクに死んでいけるのかな。

だけど、そうは言っても、やっぱり妻が好きです。

つらくなるかもしれなくても、どんどん妻を好きになります。

「ママ、どう？」

「何がどうなの？」

「具合悪くない？（死なないよね）、大丈夫だよね？（生きてるよね）」

「大丈夫よ（生きてるわよ、まだ死なないわよ）」

願わくばこの脈絡のない会話が、１日も長く続きますように。

梶原しげる（かじわら・しげる）
1950年神奈川県生まれ。早稲田大学法学部卒業後、文化放送にアナウンサーとして入社。1992年からフリー。テレビ、ラジオの司会を中心に活躍する。その一方、49歳で東京成徳大学大学院心理学研究科に入学、51歳で心理学修士号を取得。シニア産業カウンセラー、認定カウンセラー、健康心理士の資格を持ち、カウンセラーとしても活動している。東京成徳大学客員教授、日本語検定審議委員も務める。主な著書に『口のきき方』『すべらない敬語』（以上、新潮新書）、『心を動かす「伝え方」また会いたくなる「話し方」』（講談社＋α文庫）、『敬語力の基本』（日本実業出版社）、『おとなの雑談力』（PHP文庫）など多数。

妻《つま》がどんどん好《す》きになる

2021年11月30日　初版第1刷発行

著者　梶原《かじわら》しげる

装幀　アルビレオ

本文デザイン　宮城谷彰浩（キンダイ）

編集協力　岩下賢作
構成　藤原千尋

発行者　田邉浩司
発行所　株式会社　光文社
〒112-8011　東京都文京区音羽1-16-6
電　話　編集部　03-5395-8172
書籍販売部　03-5395-8116
業務部　03-5395-8125
メール　non@kobunsha.com
落丁本・乱丁本は業務部へご連絡くだされば、お取替えいたします。

組版　新藤慶昌堂
印刷所　新藤慶昌堂
製本所　ナショナル製本

ISBN978-4-334-95280-8